Eurus

Notus

憲法とは何か

長谷部恭男
Yasuo Hasebe

Boreas

Zephyrus

岩波
100

はしがき

憲法についての議論が盛んです。主権者たる日本国民の手に憲法を取り戻すことが必要だ——だから専門の憲法学者は引っ込んでいろ——という鬼神も三舎を避く威勢のよい議論がある一方、制定されてから六〇年もたつし、新世紀にはいった景気づけに憲法を変えたらどうかという、鏡開き気分のおめでたい議論もありますが、もっと真剣に国のあり方や社会のあり方を考える議論の中にさえ、憲法というものの危険性に注意が行き届いていないのではないかと心配になるものが少なくありません。

憲法は、なじみのある、好ましいものでしょうか。憲法といえば、平和や人権や公共の福祉を守り、われわれの暮らしをいつも支えてくれるものでしょうか。憲法を通じて人々の暮らしを良くしていきたい、世の中を明るく変えていきたいとお考えの方は、そう感じておられるでしょう。憲法典を改正して、いろいろな権利や責務を書き込むべきだとお考えの方もそう感じておられるのでしょう。憲法が権力を制限することで人々の自由と権利を守る重要な役割を果たすことができること、それは疑いのない事実です（この世のあらゆる憲法がそうだというわけではありませんが）。

ただ、憲法には別の側面もあります。本書は、憲法というものの危険性、多くの人々の生活やさらには生命そのものをも引きずり込むその正体について説明しています。長期にわたる深刻な戦争が実は憲法をめぐって行われること、人々の暮らしや命を守るためには、ときにはそれまでの憲法を根底的に変えざるをえないことを説明しています（日本はそれを六〇年前に、東欧諸国も一九八〇年代終わりにそれを経験しました）。

憲法がつねにありがたい、明るい未来を与えるものだという夢が、幻想にすぎないかも知れないことに注意を向けるのが、本書のねらいの一つです。それを解きあかすためには、憲法の過去を、平和とだけでなく国家間の深刻な対立や戦争とも結びつきうる憲法のデモニックな姿を知る必要があります。

憲法はつねにわれわれにとって良いもののはずだから、その憲法を変えれば、変えた通りにわれわれの暮らしも良くなるというのでは、話として都合がよすぎます。当たり前の話ですが、憲法を変えたとき、われわれの暮らしが良くなるか否かは、憲法をどう変えるかによります。憲法がなぜ普通の法律よりも変えにくくなっているのか、憲法を変える政治過程と普通の法律を作る政治過程とはどう違うのか(どう違うべきなのか)、そうした問題にも注意を払う必要があります。

本書は、憲法が立憲主義にもとづくものであることを常に意識し続けなければならないという立場をとっています。立憲主義は近代のはじまりとともに、ヨーロッパで生れた思想です。この世には、人の生き方や世界の意味について、根底的に異なる価値観を抱いている人々がいることを認め、そして、それにもかかわらず、社会生活の便宜とコストを公平に分かち合う基本的な枠組みを構築することで、個人の自由な生き方と、社会全体の利益に向けた理性的な審議と決定のプロセスとを実現することを目指す立場です。そのための手立てとして、公と私の分離、硬性の憲法典、権力の分立、違憲審査、軍事力の限定など、さまざまな制度が用意されます。

なぜ、立憲主義にこだわることが必要かといえば、根底的に異なる価値観が裸のままでぶつかり合ったとき、平和な社会生活や国際関係はきわめて困難となるからです。逆にいえば、価値観や世界観の衝突を直視せよという立場からすれば、衝突の調停と限界付けを目指す立憲主義は、中途半端な煮え切らない立場だということになります。立憲主義を選ぶことは、この「中途半端」な立場にあえてこだわることを意味します。冷戦の終結は、この立憲主義の勝利をもたらしたはずでした。しかし、そのことの意味は、なお十分には認識されていません。平和、安全、環境など、国境を越えるさまざまな危機が問題となる今日、そのことの意味を改めて振り返ることも、本書の目的の一つです。

最後になりましたが、構成や内容に関する数多くの有益なアドバイスを通じて、本書の改善に努めて下さり、企画から校正にいたるまで万端のお世話をいただいた小田野耕明さんに厚く御礼申し上げます。

二〇〇六年二月

Y・H・

目次

怪物と戦う者は、そのため自身が怪物とならぬよう気をつけるべきである。

フリードリヒ・ニーチェ『善悪の彼岸』より

第1章　立憲主義の成立

アトランタでの問い

二〇〇四年一月はじめ、筆者はチリのサンチャゴに赴いた。日本とは時差が一二時間あり、真夏である。直行便がないので、アトランタで乗り換えることにした。ところが、アトランタ空港には国際線の乗り換え用通路がない。乗り換えるだけの人間も、いったんアメリカに入国するための入国審査手続を踏む必要がある。

というわけで、テロ厳戒下のアメリカの入国審査を味わうことになったのだが、それにしても、筆者の並んだ行列は他に比べて進み方が遅い。二時間近くたって筆者の番が回ってきて分かったのだが、この行列の担当審査官は仕事を愉しんでいる様子で、筆者がサンチャゴに行くと知ると、なぜ、と聞く。憲法の学術集会があるというと、おまえは憲法学者か、ならアメリカ憲法のことも知っているだろう、Article 2を知っているか、と聞く。合衆国憲法のArticle 2は、日本では「第二条」ではなく「第二篇」と訳されることが普通で、大統領の選挙方法、権限等、広範な事項を含む膨大な条文である。長過ぎて今すぐ全部は思い出せないと答えると、それでテストをパスしたようで、なかなかいい質問だろう、という。通してもらいたい一心で、うん、いい質問だなどとオベンチャラをいった末、やっと判子を捺してもらって乗り換え便に向かうことができた。

サンチャゴでの問い

こんな目にあってまで、ほとんど二日がかりでサンチャゴに赴いたのは、国際憲法学会の四年に一度の世界大会が開催されるからである。しかも、筆者は、ある全体集会のパネリストを依頼されていて、行かざるをえない立場にあった。パネルでどのような報告をしたかはパスするとして、その後の質問の時間でのことであるが、親切にも筆者に質問しようという参加者があらわれ、西洋と異なる、たとえば儒教倫理にもとづく東洋的な立憲主義なるものはあると思うかと質問する。答えは非常に簡単で、「特殊東洋的な立憲主義などというものは存在しない」というものである。

ところで、この大会にはハーバード大学のフランク・マイケルマン教授が参加していた。憲法学界の世界的スーパースターである。彼は筆者のこの回答に感銘を受けたらしく、次の日に行われた「憲法変動」に関する全体集会での彼の報告の結論部分で、「長谷部教授のことばを引用したい」といって、その通りのことばで報告を結んでいた。時差ボケでフラフラしていた筆者は思わず椅子からずれ落ちそうになった。コーヒー・ブレイクのおりには、国際憲法学会会長(当時)のミシェル・ローゼンフェルド教授がやってきて、マイケルマンに引用されるとは、君もこれで歴史に残るね、と冷やかされた。
自慢話はさておき、「特殊東洋的な立憲主義など存在しない」という筆者の主張は、立憲主義なるものがどういうものかという理解から直接に導かれる。というわけで、立憲主義とは何かが、本章のテーマである。

1　ドン・キホーテとハムレット

多元的な世界

二〇〇五年は、『ドン・キホーテ』が出版されて四〇〇年にあたる年であった。近代小説の嚆矢《こうし》といわれるように、この小説は、「近代」という新たな時代の幕開けに対応する新たな表現メディアとして登場した。現代を代表する小説家、ミラン・クンデラは、この間の消息を次のように語る。

かつて神は高い地位から宇宙とその価値を統べ、善と悪とを区別し、ものにはそれぞれ一つの意味を与えていましたが、この地位からいまや神は徐々に立ち去ってゆこうとしていました。ドン・キホーテが自分の家を後にしたのはこのときでしたが、彼にはもう世界を識別することはできませんでした。至高の「審判者」の不在のなかで、世界は突然おそるべき両義性のなかに姿をあらわしました。神の唯一の「真理」はおびただしい数の相対的真理に解体され、人々はこれらの相対的真理を共有することになりました。こうして近代世界が誕生し、と同時に、近代世界の像(イマージュ)でもあればモデルでもある小説が誕生したのでした。

中世騎士物語の世界に没入したドン・キホーテは、伝説の騎士に自らなりきって、この世に真の正義と愛を見いだすべく遍歴の旅に出るが、彼の冒険は、いたるところで複雑に入り組む現実の網の目にとらわれ、挫折する。現実の世の中は、物語の世界ほど「分かりやすく」はない。

宗教戦争を通じて、人々が信奉する「真の宗教」は唯一つではなく複数あること、さらには、大航海を通じてさまざまな異文化に触れ、価値観・世界観は多元的であることを認めざるをえなくなった世界、それが、『ドン・キホーテ』が世に出た頃、ヨーロッパが歩み出した近代世界である。こうした世界に生きる苦境は、やはり同じ頃、生み出された『ハムレット』にも明らかにみてとることができる。

ハムレットの「良心」

『ハムレット』は、エリザベス女王の治世末年から、新王ジェイムズ一世の治世初頭にかけて、一六世紀から一七世紀への、世紀の変わり目に上演された。ジェイムズは、ハムレットのモデルの一人と目されている。ハムレットの母、ガートルードは、夫たる王を殺害し、その後を襲った王の弟と日を経たずして再婚した。悲劇の終幕で、ハムレットは母の再婚した相手である叔父を殺害し、母后も、そして自身もほぼ同時に命を落とす。

ところで、ジェイムズの母親、つまりスコットランド女王メアリ・スチュワートは、ジェイムズの父であるその夫、ヘンリー・ダーンリ卿を殺害したボスウェル伯と、事件の数か月後には再婚している。カトリックであったメアリは、その後、亡命先のイングランドで謀反のかどでエリザベスによって処刑され、プロテスタントとして育てられたジェイムズは、エリザベスの後を継いで、イギリス国教会の首長たるイングランド国王、ジェイムズ一世となった(ああ、少しややこしいですよ)。

唯一の「真の宗教」が分裂し、さまざまな宗派が自らの正当性を標榜する世界が現れて、はじめて「個人の良心」が意識される。父王の亡霊に復讐を促されながらも思い悩み、地獄から現れた悪霊ではないかとの疑念にさいなまれ、なかなか復讐を実行にうつそうとしないハムレットは、宗教が分裂し、価値観の多元化した世界で、新たに現れつつあった個人の良心を象徴している。そこでは、個人は真の宗教だけではなく、いかに生きるかをも、自ら選ばなければならない。

どちらがりっぱな生き方か、このまま心のうちに暴虐な運命の矢弾をじっと耐えしのぶことか、それとも寄せ来る怒濤の苦難に敢然と立ちむかい、闘ってそれに終止符をうつことか。

後者が「生きること(to be)」であり、前者が「生きないこと(not to be)」である。この選択、それは、唯一の真理がおびただしい数の相対的真理に分裂した世界に住まう、あらゆる個人にとっての問題である。

2 立憲主義の成立

比較不能な価値の対立

ドン・キホーテやハムレットは、自ら望んで、価値観の多元化した世界を生きたわけではない。それはいかんともし難い、与えられた事実である。できることなら、彼らも、何が真実で、何が正義かについて思い悩む必要のない、たとえば『遠山の金さん』や『水戸黄門』の描くような世界を生きることを望んだはずである。ドン・キホーテも、騎士物語を読みふけった揚げ句に、強きを挫き、弱きを助ける遍歴の旅へと出発した。しかし、近代世界は、もはやそうした生き方を許さない。

価値観・世界観は、単に多元化しただけではない。それらは、相互に比較不能である。つまり、異なる価値観・世界観を比較して優劣をつける共通の物差しは存在しない。ミラン・クンデラの小説『存在の耐えられない軽さ』の冒頭部分で、主人公のトーマが、田舎町でたまたま出会ったテレサと結婚すべきか、それとも独身のプレーボーイとしての生活を続けるべきかを迷う場面がある。トーマは考える。

どちらがより善い生き方かを知るすべはない。比べる基準が欠けているからだ。トーマが実際に選んだのはテレサと結婚する道であり、そして、それは物語の結末が示すように、二人にとって致命的な選択だった。しかし、それより善い選択があったわけではない。異なる生き方は比較不能である。

異なる価値観・世界観は、宗教が典型的にそうであるように、互いに比較不能である。しかも、各人にとって自分の宗教は、自らの生きる意味、宇宙の存在する意味を与えてくれる、かけがえのないものである。かけがえのないものを信奉する人々が対立すれば、これは深刻な争いとなる。人生の意味、宇宙の意味がかかっている以上、ヨーロッパの宗教戦争がそうであったように、簡単に譲歩するわけにはいかず、対立は血なまぐさいものとなりがちである。

こうした比較不能な価値観の対立による紛争は、二一世紀初頭の今も、いまだに世界各地で発生している。

公私の区分

しかし、人間らしい生活を送るためには、各自が大切だと思う価値観・世界観の相違にもかかわらず、それでもお互いの存在を認め合い、社会生活の便宜とコストを公平に分かち合う、そうした枠組みが必要である。立憲主義は、こうした社会生活の枠組みとして、近代のヨーロッパに生れた。

そのために立憲主義がまず用意する手立ては、人々の生活領域を私的な領域と公的な領域とに区分することである。私的な生活領域では、各自がそれぞれの信奉する価値観・世界観に沿って生きる自由が保障される。他方、公的な領域では、そうした考え方の違いにかかわらず、社会のすべてのメンバーに共通する利益を発見し、それを実現する方途を冷静に話し合い、決定することが必要となる。

このように、立憲主義は、多様な考え方を抱く人々の公平な共存をはかるために、生活領域を公と私の二つに区分しようとする。これは、人々に無理を強いる枠組みである。自分にとって本当に大切な価値観・世界観であれば、自分や仲間だけではなく、社会全体にそれを押し及ぼそうと考えるのが、むしろ自然であろう。しかし、それを認めると血みどろの紛争を再現することになる。多元化した世界で、自分が本当に大事だと思うことを、政治の仕組みや国家の独占する物理的な力を使って社会全体に押し及ぼそうとすることは、大きな危険を伴う。

価値の多元化した近代世界で、人々の立場の違いにかかわらず、公平な社会生活の枠組みを構築しようとするならば、立憲主義の考え方に頼らざるをえない。特定の価値観・世界観が公共の討議の空間を占拠して、対立する価値の駆逐をはかろうとすれば、そこでの決定は、社会のメンバーに共通する利益を実現するものではありえない。自分が大切にする価値観を守る自由もない社会では、社会全体の利益のために貢献しようという志も育つはずがない。公的領域と私的領域の切り分けは、個人の自由を保障するためだけではなく、政治のプロセスがその役割を適正に果たしていくためにも、無くてはならないものである。

政治プロセスの適正化

日本国憲法をはじめとする現代諸国の憲法は、思想の自由、信条の自由、プライバシー等の個人の権利を保障する。また、政治と宗教との分離を定める憲法も少なからずある。これらの規定は、私的な生活領域と公的な生活領域とを区分する境界線を定める規定である。

他方で、政治のプロセスがその役割を適正に果たすことを狙いとする仕組みは、公と私の仕切りの他にも、さまざまな形で存在する。たとえば、マスメディアの表現の自由の保障がそうである。マスメディアは、法人であって生身の個人ではない。自分のいいたいことをいう自由は、個人には保障する必要があるであろうが、マスメディアには、「生まれながらにして」保障されているわけではない。しかし、マスメディアに報道の自由、批判の自由が保障されているおかげで、世の中には豊かで多様な情報が行き渡り、政策論争も活発となり、政治のプロセスがその役割をよりよく果たす助けとなる。

また、日本国憲法九条による軍備の制限も、通常の政治のプロセスが適正に働くための規定の一種である。戦前において軍の存在が民主政治の効果的な実現の妨げとなったこと、戦後の世界でも多くの国々で軍が民主化運動を抑圧し、独裁政治を布いたことは、周知の事実である。憲法九条は、軍の存在の正統性をあらかじめ剝奪し、政治への影響力を減殺するとともに、政治のプロセスが軍事問題について誤った選択をしないよう、選択肢の幅をあらかじめ制限するという狙いを持っている。

3　日本の伝統と公私の区分

日本社会の公と私　繰り返しになるが、立憲主義は人間の本性に反している。社会全体の利益を考えるときには、自分が本当に大切だと思う価値観・世界観は一応括弧にくくって、他の価値観・世界観を抱く人にも分かるような議論をし、そうした人でも納得できるような結論にもっていくよう努力せよというわけであるから。人は、もともと多元的な世界の中で個人的に苦悩などしたくない。みんなが同じ価値を奉じ、同じ世界観を抱く「分かりやすい」世の中であれば、どんなにいいだろうと思いがちなものである。そうした世の中では、一人一人が生き方を思い悩む必要もなく、「正義」や「真実」をめぐって深刻な選択に直面することもなく、後でその選択について責任を追及されることもない。

政治思想家の丸山眞男は、戦前の日本型ファシズムの精神がまさにそれであったと指摘している。そこでは、公的領域と私的領域の切り分けは否定される。すべての人のあらゆる生活領域は、究極の価値を体現する天皇との近接関係によって一義的に位置づけられ、この評価の尺度は、日本を超えて他の民族、国家にも押し及ぼされる。すべての行動は、直近の上司、究極的には天皇への奉仕として意味づけられ、説明される。そして、真善美を体現しているはずの天皇自身も、実は、皇祖皇宗という伝統的価値秩序から自由ではない。自らが自由に選択し決断する領域は、誰一人として持ち合わせておらず、したがって、自らの行動に責任をとる用意は、誰一人としてない。こうした世界で公と私の切り分けが必要でなくなることは、明らかである。

ところで、公と私との区分は、私的領域である家庭での父権支配や、男による女の支配を隠蔽するイデオロギーとして機能しているのではないかなどと、昨今では評判が芳しくない。筆者自身は、家長が家庭の財布の紐までしっかり掌握している欧米流の「父権支配」なるものが日本に果たして存在するのか、いささか疑念を抱いているが、こういうアメリカ渡来の流行学説にもとづいて公私区分を批判する前に、そもそも日本社会に公私の区分が確立しているのかをまず検討する必要があるのではなかろうか。

国家主権の理念が、ときに特定国家内部での人権侵害を隠蔽する危険があるからといって、主権平等・内政不干渉原則をさっさと放棄し、他国で人権侵害が発生しているとみるや、軍隊を送って「人道的に介入」すべきだという話にならないように(こうした原則の転換は、より戦争の多い、したがって人権侵害の多い世界をもたらすであろう)、公私区分がときに弊害を伴うからといって、この区分をそもそもやめてしまおうという話にはならないはずである。

4 本性への回帰願望?

「分かりやすい世界」へ?

それでもやはり立憲主義は人の本性に反する。というより、そもそも、近代世界が人の本性に反している。『遠山の金さん』や『水戸黄門』の描く「分かりやすい」世界に生きたいというのが、普通の人の切なる願いである。ドン・キホーテがそう信じたように、中世騎士物語さながらに、誰が「正義の味方」で誰が「悪の手先」かは一目瞭然であってほしいと誰もが願っている。問題は、人々の価値観・世界観が、近代世界では、お互いに比較不能なほど異なっているということである。

で、この近代世界に生きることに嫌気がさして、憲法を変えると何とかなるのではないか、時代劇の描く昔の時代がそうであったらしいように、人々が一つの価値観・世界観にもとづいて生きる「分かりやすい」世界が実現できるのではないかとの夢を抱く人がいても、それが現実的な企てかどうかは別として、これまたさして不思議ではない。その世界では、わざわざ私的な領域と公的な領域とを切り分ける必要もなく、いかなる価値を選択するかを日々思い悩む必要もない(はずである)。異なる視点を持つ人々から、複雑な事態が認識できず勇ましいだけの「ドン・キホーテ」だと嘲られる心配もなくなる(はずである)。日本の「歴史、伝統、文化」とか、日本人としてのDNAとか言い出す人が出てくるのは、そういう意味で自然なことである。

とはいえ、時代劇依存症の復古的保守層の票を掘り起こそうという選挙向けのプロパガンダの打ち上げにとどまらず、こうした目論見の下で憲法改正案を作成し、それを国民投票にかけて承認してもらおうとするならば、相当な困難が待ち構えているはずである。平たくいえば、お前たちの心の持ちようは利己主義的でなっていない。それをただして、魂を入れ換えてやるために憲法改正案を用意してやったから承認しろ、という話である。よほどオメデタイ人でなければ、なるほどよく用意して下さいました、賛成いたしましょう、という気にはならないであろう(もっとも、利己的なのは他人だけで自分は利己的でないから賛成しようという本当にオメデタイ人もいるかも知れないが)。自由民主党が二〇〇五年一〇月末に公表した「新憲法草案」が思いのほか復古的色彩に欠けていたのは、真剣に憲法改正の実現を目指している以上は、自然にとるべき方向をとった結果であろう。しかし、その反面で、何のための改正なのかが明確でなくなったことは否めない(憲法典の改正それ自体が目的だというのであれば別であるが)。

憲法典を変えることと憲法を変えることの違いについては第5章で、憲法改正の手続については第6章で、改めて検討したい。

5　憲法改正論議を考える

今まで説明してきたように、立憲主義の考え方に立つ憲法は、政治のプロセスがその本来の領分を踏み越えて個々人の良心に任されるべき領域に入り込んだり、政治のプロセスの働き自体を損ねかねない危険な選択をしたりしないよう、あらかじめ選択の幅を制限するというのが、主な役割である。ところで、昨今の憲法改正論議を瞥見すると、どうもそのあたりの理解があまり行き届いていないのではないかとの懸念をおぼえさせる議論が少なからず見受けられる。

特定の価値の導入？

まずは、個々人の良心に任されるべき領域に入り込んで、人々の考えようやものの見方をコントロールしようと企てているのではないかと思われる議論が少なくない。たしかに、これが人として、あるいは日本人として生きるべき正しい道だという確信をお持ちの方としては、それを憲法や政治の仕組みを通じて、日本人全体、さらには人類全体に押し広めたいというのは、自然な気持ちの動きであろう。しかし、それは無駄で非生産的な企てである。

他人の心持ちをどうこうしようと思って、何とかなるというものではないし、憲法に書けば、何とかなるというものでも、もちろんない。価値観・世界観の多元化した社会で、特定の価値を押しつけようとすれば、相手はますます反発するのがこれまた自然な反応である。政治を通じて特定の価値を押し広めようとすれば、自分たちの価値をフェアに扱っていないという恨みを買うことになり、逆に、社会のメンバー全体の利益を公正に実現すべき政治の世界を、特定の価値観にもとづく分捕り合戦の場へと変容させかねない。「新年の誓い」や「明日への願い」は、あくまで私的な生活領域で、個人単位あるいは気の合う仲間同士ですべきもので、憲法の文言をそれに利用しようとするのは、場違いで危ない企てである。

新しい人権・責務

この問題と関連するが、多少とも結構そうなことであれば、何であれ憲法に一応書き込むべきではないかという、これまた人の気持ちとして自然ではあるが、立憲主義にもとづく憲法にはふさわしくない議論も見受けられる。たとえば、プライバシーの権利や環境権を憲法に書き込むべきだという議論がある。しかし、これらは、憲法の条文に書き込んだとしても、国会の制定法や裁判所の判例を通じて具体化されなければ、何の意味もない条文である。プライバシーの権利は、すでに憲法一三条の解釈として裁判所によって具体化されており、その侵害に対しては差止めや損害賠償等の救済が認められている。憲法に書き込むことで新たに得られるものは無さそうである。環境権は、それを具体化する法令がなければ何の意味もないし、具体化する法令があれば、逆に憲法に書き込むことには、シンボリックな意味しかない。

「国を守る責務」なるものも同じで、国民を何か義務づけたいのであれば、法律を作ってその義務に反したときは罰金をとるなり監獄にいれるなりの制度を構築する必要がある。それがなければ、憲法に「国を守る責務」が書き込まれていても、それ自体に意味はないし、法律ができていれば、憲法の条文は不要である。これに対して、そうした「義務づけ」を伴わないから「責務」なのだという話もどうやらあるようだが、こうなってくると一体何がいいたいのかもはや理解不能である。理解不能な発言をする表現の自由も現行憲法によって保障されてはいるが、理解不能な話にもとづいて憲法を変更すると、憲法自体、何をいっているのか分からなくなってしまうので、止めておいた方がよいであろう(もっとも、この「国を守る責務」については、憲法に書き込むとどのような法的効果があるか(ないか)といった厳密に法律的な議論とは別に、政治哲学ないし道徳哲学の点からみて、憲法が「国を守る責務」を要求するときに守られる「国」とは何かという別のレベルの問題もある。この点については、後に項を改めて説明する）。

九条改正論

憲法九条の改正論についても同じことがあてはまる。従来の政府解釈で認められている自衛のための実力の保持を明記しようというだけであれば、何の意味もない「改正」である。これに対して、従来の政府解釈で設けられているさまざまな制約――たとえば集団的自衛権の否定――を吹っ飛ばそうというのであれば、吹っ飛ばした後、どう軍の規模や行動を制約していくつもりなのかという肝心の点を明らかにすべきである。どう制約するのか先の見通しもなく、どこの国とどんな軍事行動について連携するつもりなのか――アメリカが台湾を実力で防衛するとき、日本はアメリカと組んで中国と戦争するつもりはあるのか――さしたる定見もないままに、とにかく政治を信頼してくれでは、そんな危ない話にはおいそれと乗れませんとしかいいようがない。そこまで政治が信頼できるという前提に立つのであれば、憲法などもともと無用の長物である。

財政均衡条項を書き込むという提案についても同じことがいえる。切羽詰まった状況の下で、不均衡な予算を内閣が提出し、国会が承認したとき、その効力はどうなるのであろうか。予算が無効になるのであれば、国のあらゆる行政は停滞する。公務員の給料も支給できない。かといって、長閑《のどか》であった明治憲法下のように前年度の予算をそのまま執行するというのも非現実的であろう（旧憲法七一条参照）。財政均衡を目指すべきだという心構えにすぎないのであれば、憲法に書き込むほどのこともない。

なぜ厳格か

憲法がなぜ、通常の法律よりも変えにくくなっているかといえば、意味のないことや危なっかしいことで憲法をいじくるのはやめて、通常の立法のプロセスで解決できる問題に政治のエネルギーを集中させるためである。不毛な憲法改正運動に無駄にエネルギーを注ぐのはやめて、関係する諸団体や諸官庁の利害の調整という、憲法改正論議より面倒で面白くないかも知れないが、より社会の利益に直結する問題の解決に、政治家の方々が時間とコストをかけるようにと、憲法はわざわざ改正が難しくなっている。あたかも、憲法の文言を変えること自体に意味があるかのような振りをするのはやめて、文言を変えたその結果はどうなるのか、というあまり面白くはないが、肝心な問題に注意を向けるべきときが、そろそろきているように思われる。

6 「国を守る責務」について

守るべき国とは何か

ところで、自由民主党が二〇〇五年一〇月末に公表した「新憲法草案」の前文では、人の内心に踏み込むつもりかと言われかねない「愛国心」という表現に代えて、日本国民の「帰属する国や社会を愛情と責任感と気概をもって自ら支え守る責務」が盛り込まれている。「愛情と責任感と気概をもって」という修飾句が何を意味するかは相変わらず曖昧であるし、こうした記述それ自体に法的な意味がほとんどないことは、すでに述べた通りである。しかし、ここにはそれ以上の大きな問題が潜んでいる。憲法からみて、あるいはより広く法の観点からみて、国民に対して守るよう要求できる「国」とは何であろうか。

実は、憲法が要求する「守るべき国」は、国土とも、人々の暮らしとも厳密には一致しない。刑法が内乱罪として処罰しているのは、「憲法の定める統治の基本秩序を壊乱すること」である。憲法九九条等によって公務員に要求されているのも、憲法への忠誠であって、美しい国土や人々の暮らしへの忠誠ではない。アメリカを代表する保守的政治哲学者レオ・シュトラウスが喝破したように、古代ギリシャ以来、「政治犯罪」とは、現行の憲法に対する犯罪であって、憲法によって国家として構成される以前の裸の国土や人々の暮らしに対する犯罪ではない。

憲法秩序と国土・暮らし

日本人が太平洋戦争を通して守ろうとしたのも、天皇主権と、さらには資本主義経済秩序という「国体」、つまり、戦前の憲法の基本秩序である。

一九四五年八月に政府が無条件降伏し、憲法を変えることを受け入れたのは、それ以上の国土と暮らしの破壊を防ぐためであった。つまり、国土と暮らしを守るためにこそ、「国体」は変更されたわけである。冷戦で争われていたのも、共産主義かリベラル・デモクラシーかという、各陣営の標榜する憲法の基本原理である。国土と人々の暮らしを守るには、むしろ自分たちの憲法を書き換えるべきことに東側諸国が気づいたとき、冷戦は終わった。

悲惨な犠牲を課す戦争を通じてでも守るよう憲法が要求しうるのは、あくまで自分自身の基本原理である。国土や人々の暮らしを守るためであれば、ときには、憲法自体を変更することが必要となる。とはいえ、いざとなれば、自分を基礎づける土台を変えるようにと、憲法自体が求めるはずはない。逆にいえば、憲法自身が一貫して守るよう要求できる

「国」とは現在の憲法の基本秩序であり、日本国憲法の場合でいえば、リベラル・デモクラシーと平和主義である。ときに憲法パトリオティズム(憲法愛国主義)なる概念が語られることがあるが、憲法の想定する「愛国」とは、憲法によって構成された政治体としての国家に他ならないのであるから、この概念は畳語というべきであろう。

こうした観点からすると、九条を変更して従来の政府解釈の下での歯止めを取り払うことが、果して「国を守る」ことになるのかという疑いが生ずることになる。現行憲法の基本原理の一つである平和主義を掘り崩しかねない危険をもっているからである。

テロの時代と平和主義

国際的なテロの脅威に対処するためには、少々、平和主義を犠牲にしてでも、権威主義的な国家を打倒してリベラル・デモクラシーを輸出する英米と共に戦うべきだという議論もありそうである(もっとも、これが対イラク戦争開戦の根拠ではなかったことは記憶されるべきである。開戦の根拠は幻の大量破壊兵器がサダム・フセインとは没交渉のアルカイダの手に渡るのを防ぐことであった)。しかし、9・11テロの首謀者モハメド・アタは、権威主義的国家ではなく、ドイツでの大学生活を通じて過激思想を身につけた。二〇〇五年七月のロンドン連続爆破テロの犯人も、イギリス国内の移民社会の出身である。フランシス・フクヤマが指摘するように、リベラル・デモクラシーを輸出することは、短期的にはテロ対策にならない。リベラル・デモクラシーでありながら、多文化主義を名目として異分子を隔離し、移民を同等のメンバーとして遇しようとしないヨーロッパ社会の理想と現実の距離が、故郷を離れて暮らす少数民族のアイデンティティーを揺るがし、過激な思想へと誘っているかに見える。

伝統的なイスラム社会で暮らす人々は、信仰にも、自らのアイデンティティーにも、疑問を持つことなく、当然のこととされている世の中の約束ごとに従って生きている。人々がかかっていた「魔法」が解け、価値観の多元化と伝統的な社会の紐帯の崩壊に直面したとき、過激な思想が現れ、価値観の対立が抜き差しならぬ状況をもたらすことは、宗教改革によるキリスト教会の分裂時にも見られるように珍しいことではない。

つまり問題は、伝統的なイスラム社会ではなく、そこで進む近代化・西欧化と国際化であり、さらには、リベラル・デモクラシーの理念に十分に忠実でない現在の欧米社会にある。裏側からいえば、問題なのはイスラム教ではなく、イスラム教が社会生活を束ねる権威を失ったことであり、そのために、伝統的な紐帯を超えた「普遍的なイスラム原理主義」なるものが若者の心を捉え始めたことだということになる。オサマ・ビン・ラーディンが標榜しているのもそれである。
日本がリベラル・デモクラシーの擁護に貢献できるとすれば、平和主義の下で培われた日本への信頼を裏切って戦争による民主主義の輸出に加担することでも、市場万能主義の名の下に弱者切り捨ての経済政策を追求することでもなく、むしろ、現実のヨーロッパ社会のあり方を超えて、多様な価値観や文化を抱擁する公平で寛容な社会のモデルを創造することによってではなかろうか。「国を守る」ために、現行の九条の下での実力の行使に対する歯止めを今、捨て去る理由はなさそうである。

【文献解題】

本章は、拙稿「日本の立憲主義よ、どこへ行く?」論座二〇〇五年六月号を下敷きにしている。ミラン・クンデラからの引用は、彼の『小説の精神』金井裕・浅野敏夫訳(法政大学出版局、一九九〇年)七頁からのもの、『ハムレット』からの引用は、小田島雄志訳(白水社、一九八三年)第三幕第一場からのものである。

ジェイムズ一世をハムレットのモデルと目するのは、カール・シュミット『ハムレットもしくはヘカベ』初見基訳(みすず書房、一九九八年)である。父王の死後、その後を襲い、母后と再婚した叔父を殺害するハムレットに、ジェイムズの影を見るシュミットの解釈には、相応の説得力がある。もっとも、シュミットの意図が、単に文芸評論を書くことにあったのか、それとも、亡き夫とその弟である現在の夫の間で揺れ動くガートルード王妃（ヘカベ）に我が身を重ね合わせて、ワイマール共和国を裏切り、ナチスに協力した自身を暗に弁護することにあったのかは、あいまいである。

宗教改革によってもたらされた争乱は、カトリック、プロテスタントのいずれも決定的な勝利をおさめることができないまま、膠着状態に陥った。人々は、お互いを悪魔の手先とみなす価値観・世界観の対立する状況で生きていかざるをえなくなった。こうした状況で人々の心を捉えるのは懐疑主義である。懐疑主義を代表する哲学者、モンテーニュは、カトリック、プロテスタントの和解を目指すアンリ四世のブレインであり、両派の仲介役として奔走した。

若きアンリ四世、つまりアンリ・ドゥ・ナヴァールはフランスのプロテスタント（ユグノー）のリーダーであり、一五七二年八月二四日、彼と王女マルグリットの婚礼に際して、パリに集まったプロテスタントは、摂政后カトリーヌ・ドゥ・メディシスとギーズ公の手によって虐殺された。サン・バルテルミの虐殺である。カトリックへの名目的な改宗によって死を免れたアンリ・ドゥ・ナヴァールは、その後、ユグノー陣営に復帰して活動するが、八九年のアンリ三世の暗殺により、フランス王位を継承した。宗派間の和解を目指す彼は、九三年カトリックに改宗する。「パリはミサに値する」という彼の一見したところシニカルなことばは、異なる宗派の平和共存が「正しい宗教」の勝利にまさるとの彼の信念を示している。だが、一六一〇年、彼自身も暗殺者の凶刃に倒れる。アンリ四世の暗殺が、宗派間の和解の試みの最終的な挫折として受け止められ、三十年戦争を含むその後のより激しい宗教対立の引き金になった経緯は、Stephen Toulmin, *Cosmopolis: The Hidden Agenda of Modernity* (University of Chicago Press, 1990), Ch.2 に詳しい。価値観の分裂にもかかわらず、人間の自己保存欲の普遍性を見出した懐疑主義者の観察が、グロティウスやホッブズ等の自然権論者により、地上の平和を基礎づける「普遍的な人権」概念へと組み換えられていった経緯については、さしあたり拙著『憲法と平和を問いなおす』(ちくま新書、二〇〇四年)第三章参照。

価値の比較不能性については、さしあたり拙著『比較不能な価値の迷路』(東京大学出版会、二〇〇〇年)第二章「比べようのないもの」参照。そこで述べたように、この問題に関する愚見は、法哲学者のジョゼフ・ラズと政治思想史家のアイザィア・バーリンの見解に依拠している。

二つのものが比較不能であるとは、両者を比べるべき共通の物差しがないことを意味する。「友情はカネにはかえられない」という人は、友情とカネとの間に共通の物差しがあることを否定している。それを否定することが、「カネにはかえることのできない友情」を取り結ぶ能力をもたらすことになる。「人生はかけがえがない」ということばにも、同じことがあてはまる。一人一人の人生はかけがえがないと考えること、一緒に差し引き合算できるようなものではないと考えることが、かけがえのない人生を送る存在として、一人一人の個人を見る能力を生み出す。価値の比較不能性とは、そうしたパースペクティヴを持つか否かという選択の問題でもある。すべては、効用や富の集計量に換算可能であり、あらゆる問題について、もっとも効率的といえる「正解」を導出できるという人にとっては、価値の比較不能性などおよそ理解不能であろうし、立憲主義も意味をなさないであろう。

立憲主義の成立の経緯については、さしあたり、前掲拙著『憲法と平和を問いなおす』第Ⅱ部「なぜ立憲主義か？」を参照。封建秩序の解体と近代国家誕生の経緯は、樋口陽一『近代国民国家の憲法構造』(東京大学出版会、一九九四年)に詳しい。

丸山眞男の指摘は、彼の「超国家主義の論理と心理」同『増補版現代政治の思想と行動』(未來社、一九六四年)にみられる。天皇がすべての価値の源泉であるというものの考え方は、すべての人が生まれながらにして平等であるというものの考え方と、一般的なレベルではなく、特殊個別的なレベルで対立している。現代社会においては、すべての人が平等だという思想に敵対する主要な考え方は、金持ちは貧乏人に対して、男は女に対して、白色人種は有色人種に対して優越しているという、一般的なレベルでの不平等論である。これに対して、天皇がすべての価値の源泉だというのは、特定の血筋を持つある特定の人間が、その他の人一般に対して優位に立つという考え方であって、現代社会ではお目にかかることがなかなか難しい(ジョン・ロックが『統治二論』で反駁しようとした相手であるロバート・フィルマー卿は、そうした論理――神から王位を授けられたアダムの子孫が、絶対君主の地位を保障されているという論理――を明確に主張したが、これは一七世紀のイングランドでのことである)。皇室典範が、皇位の継承について「皇統に属する男系の男子」というルールを採用していることが、男女平等の原則に反するといわれることがあるが、これは天皇制が、特殊個別的レベルでの不平等原則をとっていることをあいまいにする視点である。天皇制と近代国家の論理との相互関係については、さしあたり、拙著『憲法と平和を問いなおす』九二〜九四頁を参照。

文中で紹介したレオ・シュトラウスの指摘は、Leo Strauss, *On Plato's Symposium* (University of Chicago Press, 2001), p.59に見られる。そこで論じられているのは、ソクラテスが死刑に処せられる根拠となった反逆罪の性格である。「愛国」の対立概念は「反逆」である。反逆が憲法によって構成された国家に対する反逆に他ならないように、愛される対象となる「国」も憲法によって構成された国家に他ならない。そのようにとらえられる限りにおいて「愛国」を求めることは、憲法には反しない。

ところで、レオ・シュトラウスは価値の多元性や比較不能性を承認しない。彼にいわせれば、価値の多元性・比較不能性を認めるアイザィア・バーリンは悪質な相対主義者と同断であり(『古典的政治的合理主義の再生』石崎嘉彦監訳(ナカニシヤ出版、一九九六年)五五〜六〇頁)、価値観の多元性をはじめて認めたとバーリンに指摘されるマキャヴェリこそ、最善の国制、最善の生き方という目標を、自国の独立と繁栄という実現可能なレベルまで切り下げることで西欧政治哲学を堕落させた張本人である(『自然権と歴史』塚崎智・石崎嘉彦訳(昭和堂、一九八八年)一九四〜九五頁)。正しい価値秩序は一つであるという前提に立つ以上、古代から現代にいたるまでの人間の知的営みも、この価値秩序にもとづいて判定されることになる。多元化した価値観の公平な共存が求められる状況においてはじめて必要となる政治制度の枠組み如何というバーリンやジョン・ロールズ(とくに *Political Liberalism* (Columbia University Press, 1993) 参照)によって展開された視点は、シュトラウスには希薄である。

シュトラウスの弟子たち(disciples)、およびシュトラウスの影響を強く受けた人たちのことをシュトラウシアンと呼ぶが、アメリカ合衆国のイラク侵攻を主導した人々の中にシュトラウシアンが少なからず含まれていたことを勘案すると、アメリカ政府の意図がリベラル・デモクラシーの輸出にあったとする評価にも疑問符が付くことになる。バーリンのシュトラウス観は、ラミン・ジャハンベグロー編『ある思想史家の回想』河合秀和訳(みすず書房、一九九三年)五三頁以下で知ることができる。同書で彼自身が解説しているように、バーリンの立場を相対主義とするのは誤解である。シュトラウスは、ハンス・ケルゼン流の価値相対主義に立脚するリベラリズムと、価値多元論を前提とするバーリンのリベラリズムとを区別し損ねている疑いがある。

レオ・シュトラウスは、授業でテクストを読むにあたって、「ここでは何が語られているか?」だけではなく、「何が語られていないか?　それは何故か?」を問うよう、学生に求めた。古来の哲学者は、学問の自由が保障される環境でその見解を公表したわけではなく、しばしば、真に語ろうとすることを行間に隠したという前提がそこにはある(cf. Leo Strauss, *Persecution and the Art of Writing* (University of Chicago Press, 1988))。われわれには、行間を読むことによって、隠された本来の主張を発掘する使命があるというわけである。

前掲の *On Plato's Symposium* は、シュトラウスのシカゴ大学における授業の模様を再現している。内容は、『饗宴』の真の意図が、ソクラテスに対する訴追のより深い背景を示唆するとともに、その糾弾からソクラテスを弁明することにあることを明らかにしようとするもので、謎解きとしてはたしかに面白い。スパルタとの戦争で疲弊したアテネを無謀なシチリア遠征へと導き、しかも中途で国外逃亡したアルキビアデスがソクラテスの影響下にあったと考えられていたこと、『戦史』が伝えるアテネの秘儀に対する冒瀆事件に(トゥーキュディデース『戦史』(下)久保正彰訳(岩波文庫、一九六七年)五〇~五一頁参照)、アルキビアデスのみでなくソクラテス自身が関与していたのではないかとの疑惑があったことが、プラトンの想定するソクラテス訴追の背景だというわけである。アルキビアデスは、『饗宴』の最後の場面で相当にきこしめした姿であらわれ、ソクラテスが若く美しい彼にいかにつれなくあたったかを表白している。

これに対してバーリンは前掲の『回想』の中で、バーリン自身には、そうした「隠された真実」を発見する「魔法の目」は与えられていないと述懐する。

憲法パトリオティズム(憲法愛国主義)は、ドイツの知識人がしばしば言及するもので、戦後ドイツ基本法の定める「自由で民主的な基本秩序」への愛着を説くものである。この概念については、毛利透『民主政の規範理論――憲法パトリオティズムは可能か』(勁草書房、二〇〇二年)、とくにその第1章「憲法パトリオティズムとは何か」が参照に値する。リベラルは、「愛国」を説くことを躊躇すべきではないとする阪口正二郎「立憲主義の展望――リベラリズムからの愛国心」自由人権協会編『憲法の現在』(信山社、二〇〇五年)もこの論点に関わる。彼によれば、リベラリズムからして猜疑の目を向けるべきなのは、いかなる「国」をみずから選びとるかを理性的に熟慮する過程を国旗や国家等のシンボルを使ってショートカットしようとする試みであり、逆にいえば、自分たちが真摯に選びとった「国」にコミットすることを公に宣言することに躊躇する理由はないというわけである。理性的な審議と思考の過程をショートカットするための象徴の利用については、蟻川恒正『憲法的思惟』(創文社、一九九四年)を参照。

フランシス・フクヤマの指摘は、Francis Fukuyama, Jihad Comes Home, *Wall Street Journal*, November 2, 2005 でなされている。彼は、Olivier Roy, *Globalised Islam: The Search for a New Ummah* (Hurst & Company, 2004) に依拠して議論を組み立てている。イスラム過激派の理論的指導者とされるサイード・クトブは、一九四〇年代にアメリカのある無名大学に留学した結果、近代社会の過激な批判者となった。彼は後にナセル大統領の下で投獄され、処刑されている。彼の理論については、Ann Norton, *Leo Strauss and the Politics of American Empire* (Yale University Press, 2004), Ch.7 参照。急速な社会変化および異文化との衝突が過激な普遍主義思想を生み出す現象の例としては、プロテスタンティズムの誕生を挙げることもできる。立憲主義発生の経緯と、われわれが現在の世界において直面している問題状況とは、思いの外、似ている可能性がある。

ところで、アン・ノートンの著書は、シュトラウシアンといわれる人々とレオ・シュトラウス自身の思考の異同を考える上でも示唆的である。著名なシュトラウシアンであるアラン・ブルームに対する彼女の評価は辛辣である。ブルームは、ユダヤ人としてアイヴィー・リーグに受け入れられた最初の世代の学者であったが、彼はそうして広げられた扉(アメリカン・マインド)をあとから来る人々、とくにアフリカ系アメリカ人に対して閉ざそうとした。それがベストセラーとなった『アメリカン・マインドの終焉 *The Closing of the American Mind*』菅野盾樹訳(みすず書房、一九八八年)の真意であったというわけである。

第2章　冷戦の終結とリベラル・デモクラシーの勝利

前章で説明したように、立憲主義は、人間の本性に反してでも選びとるべきものとして、それぞれの国に採用されてきたものである。立憲主義を、そしてそれに基づくリベラル・デモクラシーを採らないという選択も当然ありうる。その選択が何を意味するかが、本章のテーマである。冷戦とその終結が何を意味したかを探ることで、この問題を考えていきたい。

1 国家の構成原理としての憲法

憲法をめぐる争い

冷戦は、一九八〇年代終わりに終結を迎え、その結果が一九九〇年の「パリの講和」で確認された。ところで、冷戦とは何であり、なぜそれは発生し、それはいかに終結したのであろうか。結論を先取りして述べると、冷戦とは、他の多くの戦争がそうであったように、相手方の権力の正統性原理である憲法を攻撃目標とする二つの陣営の敵対状況であり、それは、一方の陣営(東側)が自らの憲法を変更することで終結した。第二次大戦がドイツと日本の憲法の変更によって終結したのと同様である。

ここでいう憲法とは、憲法典の内容をすべて指すわけではなく、国家の基本となる構成原理を指す。ワイマール時代のドイツで活躍した憲法学者、カール・シュミットの言い回しを使えば、憲法制定権力の担い手による決定の内容たる憲法である。この意味での憲法は、憲法改正の限界を構成し、国の危急存亡の際、政府が発動する権力である国家緊急権による保障の対象となる。前章で述べたように、内乱罪などの「政治犯罪」も、この意味での憲法によって構成された国家に対する犯罪であって、それ以前の自然の国土や人々の社会生活に対する犯罪ではない。日本の刑法典七七条は、「憲法の定める統治の基本秩序を壊乱することを目的として暴動」をした者を内乱罪として処罰することとしている。「愛国心」なるものが向けられるのも、憲法によって構成される政治秩序に対してである。国家の基本となる構成原理という、この意味での憲法が変更されたとき、「体制変革(Regime Change)」が発生し、新たな政治秩序が発足する。

現在、日本では、憲法典を改正すべきか否かについての論議が盛んであるが、国家の基本となる構成原理としての憲法という視点は、憲法の改正に関しても、さまざまな示唆を与える。

2　ルソーの戦争状態論

ルソーのホッブズ批判

政治哲学者のジャン゠ジャック・ルソーは、その遺稿「戦争および戦争状態論」で、ホッブズの描く国家設立による平和の実現という議論に批判を加えている。ホッブズの社会契約論によれば、国家が成立する以前の自然状態では、万人の万人に対する戦いが現出し、人々は惨めで孤独で束の間の人生を送ることになる。こうした問題を解決するために、人々は結集してその自然権を主権者に譲り渡し、国家を設立することで、社会の平和を実現したというわけである。

ところが、ルソーによれば、このホッブズの描くプロジェクトは見事に破綻している。人々がその自然権を譲り渡して主権者に服従したにもかかわらず、その主権者たちは互いに並存して、互いに争いを続けているため、自然状態では想像もつかなかった大規模な殺戮が生起している。国家間の対立が大規模な殺戮をもたらす一因は、生身の人間と異なり、国家が社会契約に基づく人為的構成物であり、自然によって与えられた限界を持ち合わせていないことにある。生身の人間であれば、自然の欲求には限りがあり、いずれは満足を知るものだが、人為的構成物である国家の場合、限りなく欲求を拡大することが可能であり、その反面として、周辺で起こるあらゆる事態が、自国の平和と安全に関わるものとして懸念の材料となる。

戦争の即時解決の道

ところが、国家が人為的構成物であり、突き詰めれば、各人の頭の中にしか存在しないというこの事実が、実は、戦争および戦争状態を即時に解決する途をも指し示すことになる。

戦争は国家間でしか発生しない。しかし、だからこそ、それは生身の個人の命を全く奪うことなく、終結させることができるというのが、ルソーの結論である。国家は単なる法人であり、理性の産物にすぎないため、社会契約という公的な約束事を取り去ってしまえば、国家はそれを構成している物理的・生物学的要素に何らの変化を加えることもなく、消え去る。ところで、戦争とは主権に対する攻撃であり、社会契約に対する攻撃であるから、社会契約さえ消滅すれば、一人の人間が死ぬこともなく戦争は終結する。つまり、生物学的な意味での人間の生命や、物理的な意味での私有財産の保持が肝要なのであれば、そして国家という約束事が、そもそもこうした人の生命や財産を守るために取り交わされたものであれば、生命・財産に対する重大な危機をもたらす戦争や戦争状態を回避するために、むしろ国家という約束事を消滅させることが適切となる場合も生じうる。

このルソーの想定は、単なる空理空論ではない。それはわれわれの知る最近の事件として発生した。冷戦の終結がそれである。東欧諸国はそれまでの共産主義に基づく憲法を廃棄し、議会制民主主義を採用することを明らかにした。全人類を滅亡させるに足る大量破壊兵器をもって、しかも敵対する陣営の消滅を目標として二つの陣営が対峙するとき、終末論的帰結に至ることなく対立を終結させる手段としては、ルソーの描いたもののみが考えられる。

3　三種の国民国家

ルソーが指摘するように、戦争は、「熱い」それも「冷たい」それも、典型的には、国家と国家の間に発生するものであり、しかも、敵対する国家の憲法に対する攻撃という形をとる。では、冷戦はなぜ発生したのであろうか。それが相手方の憲法を目標とする敵対関係なのであれば、そこで問題となったのはどのような国家のいかなる憲法であろうか。

テキサス大学にフィリップ・バビットという憲法担当の教授がいる。彼は憲法学のみならず、戦略論をも専門とし、国務省、国家安全保障会議その他のワシントンの官庁に勤務した経験を持つ。そのバビット教授は、近著『アキレスの楯』において、冷戦は第一次大戦に始まるきわめて長期にわたる大戦争(彼はこれを the Long War と呼ぶ)の一環であったと指摘している。この大戦争をもたらしたのは、一九世紀後半の軍事技術の革新と、それによる国家像の変貌である。それ以前に支配的であったのは、ナポレオンが得意とした、多数の兵力を敵陣の一点に向けて集中的に投入する戦法であったが、この戦法は、一九世紀中葉における銃火器の精度の向上により、もはやとりえなくなった。攻撃側は、射程が長く精度の高い銃火器の反撃により、敵陣に到達する前に壊滅しかねない。

国家像の変貌

これに代わってビスマルク指導下でのプロイセンおよびドイツが打ち出した戦略は、高度に訓練され、統率のとれた大量の兵員を分散・展開することで敵軍を包囲し、致命的打撃を与えることを基本とするもので、ドイツ統一にいたるまで、顕著な軍事的成功を収めた。この戦略は、徴兵制を通じて、大量の国民を長期にわたって戦争ないしその準備に参加させることを強いる体制を要請する。こうした体制は、それに対応して、国民の政治参加の範囲を拡大させて政治の民主化を押し進め、かつ、国民全体の福祉を大きな格差なく向上させることを目指す福祉国家政策を導くことになる。国のために命を捧げることを要求する以上、平時において国民の福祉に配慮すべきことは当然である。ビスマルクが、社会福祉政策に意を用いたことは周知の事柄であるし、古典古代のギリシャの例を引くまでもなく、国民に対する戦争参加の要求と政治参加の範囲との間には、密接な連関がある。国民総動員を正当化するためには、それに応じた国家目標の設定が必要となる。大衆の戦争参加への強制が、全国民の安全の保障と福祉の平等な向上、そして文化的一体感の確保を国家目標とする国民国家を登場させたわけである。

三者の闘い

その後の国際政治史は、いかなる国家形態が、国民全体の安全と福祉と文化的一体感の確保という国民国家の目標をよりよく達成しうるかをめぐって諸国が相争う闘争状態、つまり国家権力の正統性に関する争いとして理解することができる。正統性に関わるイデオロギーのうち、主要な敵対者として浮かび上がったのは、リベラルな議会制民主主義、ファシズム、そして共産主義の三者であった。この三者が第一次大戦後の各国の政治の基本的な枠組み、つまり憲法を決定するモデルとなったことは、一九二三年に初版が公刊された、カール・シュミットの『現代議会主義の精神史的地位』において、すでに明確に描かれている。

4　シュミットと議会制民主主義

シュミットの議会制批判

もっとも、シュミットによれば、このうちリベラルな議会制はすでに過去の統治形態である。自由なプレスによって醸成される世論を背景としつつ、議会での公開の審議と決定を通じて真理(真の公益)に到達することを目指す議会制は、教養と財産を備えた階級のみの政治参加を前提とする体制である。軍事上の必要性によって大衆が政治に参入し、それを組織する硬い規律を備えた政党が対峙する現代の議会制民主主義国家では、すでにリベラルな議会制の意義は失われている。組織政党が議会内での公開の審議を通じて真の公益を目指して熟慮を重ね、見解の一致にいたることは期待できない。議会制民主主義の主なプレイヤーである組織政党は、競合する多様な私益を系統的に代表して互いに対峙しつつ、密室での取引を通じてその場限りの妥協を実現するにとどまる。

シュミットによれば、いまや「議会制度は、結局のところ、諸党派と経済的利害関係者の支配のための性悪な外装(Fassade)になって」いる。その結果、国家と社会との区別は希薄化し、国家は社会生活のあらゆる局面への介入とあらゆる私益保護とを要求される「全体国家(totaler Staat)」へと堕落している。ここでいう「全体国家」とは、人民の生活の全体を支配する強力な国家ではなく、「全体化」したがゆえに、社会の種々雑多な要求をすべて顧慮せざるをえない弱々しい国家という意味で用いられている。

敵対関係と国家間関係

議会制民主主義に対するこうしたシュミットの診断は、近代国家の理想型に関する彼の想定と接続している。近代国家は、「敵」と「友」とを截然《せつぜん》と区別し、社会内部の敵対関係を国家間の関係へと括り出す単位という意味で「政治的なるもの(das Politische)」でなければならない。「国家という概念は、政治的なるものという概念を前提としている」。

かつては現に、「国家」という概念と「政治的なるもの」という概念との同視が意味をなす時代があった。古典的なヨーロッパの国家は、ありそうもないことを実現しえたからである——それは、領域内の平和を確立し、敵対行為(Feindschaft)を法的概念として排除した。それは、中世の法制度であった私闘(Fehde)を廃止し、正戦として闘われた一六、一七世紀の宗教戦争を終結させ、領域内に平和と安全と秩序を創出することに成功した。「平和、安全、秩序」という定式は、行政(Polizei)の定義として知られる。こうした国家の内部にはもはや行政しかなく、政治は存在しない。

敵対関係が国家間の関係に括り出された結果、ルソーにとってと同様、シュミットにとっても、戦争ないし戦争状態は国家と国家の関係となる。他方、敵対関係が存在せず、「政治的なるもの」が存在しない国家の内部では、全国民に共通する利益が、立法活動を通じて実現されるはずである。ところが、「政治的なるもの」を直視することができず、友と敵の区別にためらいがちなリベラリズムの下では、立法過程が多数の利益集団に占拠され、簒奪される結果、国家は自己と対立する「敵」を識別する機能さえ失い、社会内部でせめぎ合う諸団体に満遍なく配慮する利益配分装置へと退化していくというわけである。

治者と被治者の自同性

こうした議会制民主主義に代えてシュミットが指し示す道は、治者と被治者の自同性という意味での民主主義原理を貫徹することである。もはや実現不可能な「討議を通じた真の公益への到達」は放棄せざるをえない。そして民主主義を貫徹するためには、秘密投票によって代表者を選ぶという中途半端な議会制民主主義ではなく、反論の余地を許さない公開の場における大衆の喝采を通じた治者と被治者の自同性を目指すべきである。院外の人民に対して責任を負わない代議士の討論は、こうした人民の意思の前にはもはや存在理由を持たない。こうした議論の背景には、大衆に可能なのは「喝采」にとどまり、政策の選択は不可能だとのシュミットの認識が隠されていくことには留意が必要である。

ファシズムと共産主義

こうした提言をただちにドイツ型ファシズムとしてのナチズムの正当化を目指したものとして性格づけるのは、シュミットにとって酷であろう。彼は、少なくともナチスの政権掌握当初までは、ナチズムに対して好意を抱いてはいなかった。とはいえ、一九二六年に発行された『現代議会主義の精神史的地位』第二版への序文で、すでにシュミットは、時代遅れの議会制民主主義に代わって直接的な民主主義を実現しうる体制として、ファシズムと共産主義を掲げている。いずれも、治者と被治者の自同性の前提として要求される被治者内部の同一性を、ファシズムは「民族」を基準として、共産主義は「階級」を基準として、達成する。いずれも、国家の多元化と分裂を認めず、友と敵を明確に識別する強力な国家を実現する。国民の同一性・均質性が達成され、すべての国民が単一の結論に同意する実質的基盤がなければ、いかなる民主政も単なる諸利害の機能的算術計算に堕し、正統性は単なる合法性へと縮減されることとなる。軍事的必要性から生まれた大衆の政治参加、そこから生じた議会主義の危機は、ファシズムか共産主義かのいずれかによって克服されるという展望がこうして開かれる。

他方、議会制民主主義の側からすれば、ファシズムと共産主義の均質性への傾きは、次のように説明される。国民全体の福祉を格差なく向上させるという国民国家の目標は、現実には実現困難である。国家の政策は、常に勝者と敗者とを生む。議会制民主主義では、この勝敗がある限界点を超えれば多数派の交代が起こり、勝者と敗者が入れ替わる。他方、選挙を通じたこうした交代を否定するファシズムと共産主義の下では、一等国民たるインサイダーとスケープゴートたる二等国民の対立、支配階級と被支配階級の間の激烈な闘争、あるいはそれらを反映する国家間の対立が、国策によって必然的に生み出される矛盾・対立を説明し解決する道具とされる。こうしたイデオロギーが、国内の均質性を標榜するのは当然である。国民の均質性は、国民国家の当然の特質ではなく、国内における利害の対立を否定しようとする特殊なイデオロギーの産物だということになる。

実際には、第二次世界大戦では、リベラルな議会制民主主義諸国と共産主義国家との連合軍によってファシズムが粉砕された。民主主義に基づく福祉国家を実現する統治形態として真っ先に排除されたのは、ファシズムである。日本の憲法は、アメリカの要求によって根本的に書き改められてその陣営に加入し、ドイツは東西に分断されて、西ドイツは議会制民主主義国家として、東ドイツは共産主義国家として出発することとなった。

5 原爆の投下と核の均衡

原爆投下の正当化論理

第二次世界大戦が終了する直前の一九四五年八月六日、広島に原爆が投下された。戦闘員と非戦闘員とを区別することなく大量に殺戮する兵器が実際に使用された。広島、そして長崎に対する原爆の投下を正当化する通常の論理は、単純な功利主義である。原爆の投下がなければ、日本政府は敗戦を受け入れようとはせず、そのため、日米両軍の戦闘員により多くの死傷者が出たばかりではなく、日本の都市部への大規模な空爆が継続されることで、日本の一般市民にも多大な犠牲が生じたはずである。原爆の投下は、全体として見れば、より少ない犠牲で所期の目的である日本の無条件降伏、そして戦争の終結をもたらした点で正当化されるというわけである。

政治哲学者のマイケル・ウォルツァーは、この論理は原爆の投下を正当化しえないと主張する。というのも、日本の無条件降伏という目的自体、アメリカ政府が自ら設定したものだからである。もし、これ以上の両国の犠牲が耐えがたいものであれば、当時の日本政府が受諾可能な線で戦争を終結することは可能であったはずである。また、日本の都市部への大規模な空爆も、誰に頼まれたわけでもなく、アメリカ政府が自らの判断で行ったことである。相手方の戦意の喪失を狙った一般市民の大量虐殺という、国際法上、その正当性の疑わしい大規模なテロ行為を継続することが耐えがたいというのであれば、ただちに自らの判断で停止すればよかったはずである。

「究極の緊急事態」

ウォルツァーは、戦闘員と非戦闘員の区別という戦時国際法の根本原則に反して、都市の一般市民居住地区への空爆を行うことが許される、「究極の緊急事態（supreme emergency）」はありうると考える。アメリカが参戦する前、ナチス・ドイツによるヨーロッパ制覇を目前にしたイギリス政府は、こうした状況に置かれていた。強大な敵のために、政府の枠組みにとどまらず、自分たちの生き方自体が破壊されようとしているとき、通常の道徳律を踏み越えても、それを護る手段を講じなければならない場合がある（その後のドイツ都市部への爆撃の継続がすべて、この論理で正当化されるわけではない。究極の緊急事態を脱した政府は、本来の原則に復帰する義務を負う)。

それでは、日本への原爆の投下は、そして都市部への大規模な空爆は、こうした論理によって正当化可能であろうか。ウォルツァーは、それを否定する。もし、日本がナチス・ドイツと同等の、周辺民族の生存を、そして人間の尊厳そのものを脅かす存在であるとすれば、その統治の原理と構造を根本的に変革するために、日本政府の無条件降伏を要求することが正当化されうる。そして、原爆の投下なしにそれを実現することは、たしかに莫大な犠牲を敵味方の双方に強いたであろう。しかし、日本は、たしかに危険な拡張主義国家ではあったが、ナチス・ドイツと比肩しうるほど邪悪な体制ではなかったというのが、ウォルツァーの診断である。

バビットの批判

これに対して、フィリップ・バビットは、こうしたウォルツァーの議論は、憲法原理の対立という戦争の様相を正面から捉えていないとする。バビットが主張するように、戦争の原因が両国の憲法の相違、国家の正統性原理の対立にあるのであれば、日本の憲法を書き換え、日本をファシズム陣営から議会制民主主義陣営へと組み込まない限り、日米の対立はいつか再燃したはずである。それは、ファシスト国家日本の核武装による、日米ソの三極対立という深刻な状況をもたらしたかも知れない。アメリカとしては、自国の憲法を維持しつつ、国際平和を実現するためには、対立する憲法原理を有する諸国に侵攻し、占領してでも、相手の憲法を書き換えることが必要だったというわけである。

このバビットの批判が妥当か否かを評価するためには、核兵器による大量報復能力を保持することで平和を維持するという、冷戦下の東西両陣営の戦略の意義をも含めて考察する必要がある。核兵器による大量報復は(もちろん、核による先制攻撃も)、戦闘員と非戦闘員とを区別なく大量に殺戮するという点で、広島への原爆の投下以上に道徳に反する行為である。そして、道徳的に正当化しえない攻撃を行うという「威嚇」も、本来は、正当化しえないはずである。それを正当化しうるとすれば、やはりウォルツァーのいう「究極の緊急事態」が対立する各陣営にとって存在したから(それも継続的に存在したから)であろう。

西側からみれば東側陣営は、核兵器による大量殺戮をもって威嚇しているにとどまらず、自分たちの生き方、生のあり方自体を否定しようとする点において、「究極の緊急事態」をもたらしていた(東側にとっての西側陣営も、対称的な意味においてそうである)。対称的な大量破壊兵器の保有による「威嚇」は、双方による「実際の行使」と双方の「殲滅」

の可能性を排除しえた限りにおいてのみ、この継続的な「究極の緊急事態」への対処方法として正当化する余地が生まれる。

この冷戦戦略の正当化の論理から逆算して見るとき、日本への原爆投下がバビットの述べるような論理で正当化されうるかといえば、疑問があるといわざるをえない。かりに日本の全体主義が継続し、かつ、日本が核武装することによって二極対立が三極対立へと変容することがあったとしても、「究極の緊急事態」を理由とする相互抑止の論理が根本的に変わるわけではない。中国の核武装による世界の多極化は、米ソの戦略を大きく変化させたわけではないし、西欧諸国はフランコ政権下のスペインと長年にわたって共存していた。冷戦下の二極対立は、東側陣営がその憲法を書き換えることで終息したが、三極対立になったとしても、終息の経緯はおそらく同様であろう。バビットが提示している理由づけだけでは、ウォルツァーの議論を覆して、原爆投下を正当化することは難しいのではなかろうか。

冷戦の終結

さて、冷戦は、異なる憲法原理、国家権力の異なる正統化根拠を掲げる二つの陣営の戦争状態であった。表面的には、それは市場原理に基づく資本主義陣営と、計画経済に基づく共産主義陣営の対立と見えたかも知れない。しかし、資源の配分方法に関する対立は、そもそもの憲法的対立から派生する二次的対立にすぎない。体制の正統性をめぐる対立であったからこそ、相互の「殲滅」の理論的可能性をも視野に含めた軍事的対立が現出した。

両陣営は、それぞれ、核兵器による大量報復の可能性を確保するとともに、アメリカは西欧と日本に、ソ連は東欧に大量の自国兵士を駐留させることで戦線を膠着させ、その周縁地域では実力行使を厭わず抵抗するという戦略をとった。いずれも、長期的には相手陣営が内部矛盾によって崩壊することを期待していたからこそ——西側陣営は資本主義経済の内部矛盾によって、東側陣営は計画経済の非効率性によって——こうした戦略がとられたわけである。

核兵器を中心とする大量破壊兵器の展開による「封じ込め」、マス・コミュニケーションによる宣伝手段を含む通信技術の発展、そしてコンピュータ技術の進展が相まって、ソ連は冷戦状態を維持する能力と気力を失い、その憲法を変更することに同意することとなった。一九九〇年一一月、欧州安全保障協力機構は、ソ連をも含む参加各国が議会制民主主義を採用することで合意に達し、国民国家の憲法原理をめぐる the Long War は終結した。

6　立憲主義と冷戦後の世界

リベラルな議会制の特長

リベラルな議会制民主主義の体制は、立憲主義の考え方を基本としている。この世には、比較不能といえるほど根底的に異なる世界観・宇宙観が多数、並存しているという現実を認めた上で、その公平な共存をはかる考え方である。人の生活領域を公と私の二つに区分し、私的領域では、各自の世界観に基づく思想と行動の自由を保障する一方、公的領域では、それぞれの世界観とは独立した形で、社会全体の利益に関する冷静な審議と決定のプロセスを確保しようとする。

シュミットは、議会制民主主義における立法過程の偽善性を攻撃する。だが、公開の審議と決定のプロセスが一般的公益に対する譲歩を個別の特殊利益に対して迫る点に、つまり、一般的公益を掲げた以上、それに即して偽善的に振る舞うよう強いる点に、この政治体制の特長がある。観衆の存在を意識せざるをえないこうしたプロセスが多様な利害を整序し、長期的にみれば、社会一般の利益にかなう立法をより多く実現することにつながる。大衆の政治参加と組織政党の登場が理想の議会政治を不可能にしたからといって、民族や階級を基準として国民の均質化を図らなければならないという結論に直結するわけではないし、議会制民主主義の通常のプロセスで解決の困難な紛争が存在しうることは、シュミットを援用する左翼思想家の攻撃にもかかわらず、リベラリズムがそうした対立を抑圧していることを意味するわけでもない。

第1章で紹介したように、丸山眞男は、日本型ファシズムの特徴が、公私の区分を知らない点にあるとする。人の生活領域のすべては、究極の価値の体現者であるはずの天皇との近接関係によって評価され、この評価の物差しは国境を越えて他民族に押し及ぼされる。そして、日本人にとって真善美の中心にあるはずの天皇でさえ、皇祖皇宗へと続く「伝統」への従属から自由ではない。自らの良心に照らして自由に判断し、活動しうる領域は誰一人として持ち合わせておらず、同時に、誰もが上位者への服従と奉仕を名目として、いかなる行動をも正当化しうる社会がこうして立ち現れる。

公私の区分の否定は、戦前・戦中の日本社会に特有のものではない。ファシズムと共産主義とは、いずれも公私の区別を否定する点で共通する。思想、利害、世界観の多元性の否定と裏腹をなす国民(人民)の同質性・均質性の実現が前提である以上、多元的価値の共存に意を用いる必要もなく、したがって公私の区分も不要となる。

冷戦の終結は、リベラルな議会制民主主義が、したがって立憲主義が、共産主義陣営に勝利したことを意味する。樋口陽一教授が指摘するように、ベルリンの壁の開放は、東側諸国への立憲主義の普遍化をもたらした。シュミットの診断にもかかわらず、議会制民主主義は、その「敵」を明確に認識し、その排除に成功したことになる。

冷戦終結の意味とは

しかし、それは世界がより安全となったことをただちには意味しない。「冷戦終結」にもかかわらず、イラン、ミャンマー、中国をはじめとして、リベラルな議会制民主主義に基づかない国家は世界各地になお存在する。国家としての体をなしていない破綻国家も珍しくない。冷戦の終結をもたらした大量破壊兵器、通信技術とコンピュータ技術の進展は、新たな種類の脅威をもたらしている。ビスマルクから第二次大戦までの世界と異なり、戦争にあたって高度に訓練された大量の兵士を調達する必要はもはやない。社会生活の中核をなす交通網や基幹的通信網にテロ攻撃を仕掛けることで、より低コストでしかも効果的な打撃を与えることが可能となっている。核兵器による大規模な相互報復可能性の脅威の下に置かれていた冷戦状況では、戦時と平時の区別は否定され、子どもから老人まであらゆる国民が常時「動員」されていたが、その必要ももはやない。国際的な大規模テロに対する警戒体制は、全国民の常時「動員」をもたらしているとの意見もあるかも知れないが、冷戦下で生じえた災厄に比べれば、テロの脅威は限定的である。他方で、地球規模での環境破壊という、いままで人類が想定していなかった危険も新たに現れている。

国家の置かれた状況の変化は、国家目標にも影響すると考えるのが自然であろう。バビットは、国民総動員の必要性から解放された冷戦後の国家は、すべての国民の福祉の平等な向上を目指す福祉国家であることを止め、国民に可能な限り多くの機会と選択肢を保障しようとする市場国家(market state)へと変貌すると予測している。そうした国家は、社会活動の規制からも、福祉政策の場からも撤退をはじめ、個人への広範な機会と選択肢の保障と引換えに、結果に対する責任をも個人に引き渡すことになる。

7　日本の現況と課題

東アジアの対立構造

日本が置かれている状況は、どのようなものであろうか。将来、アメリカ合衆国を凌ぐ経済大国となることさえ予想されている中国は、少なくとも現在は、リベラルな議会制民主主義国家ではない。その他の東アジア各国の多くも、経済発展によって得た富の相当部分を軍備拡張にあてている。中国は「国土統一」を名目に台湾に対して武力を行使する可能性を否定していない。「国土の一部」の人民が自由な選挙と思想・表現の自由を享受する事態は、中国の現体制の正統性を脅かしている。ヘンリー・キッシンジャーによれば、ナショナリスティックな情念が渦巻く現在の東アジアは、二一世紀初頭の欧米諸国よりははるかに一九世紀のヨーロッパに似ている。

東アジアにおいて近い将来、正規軍同士の大規模な会戦が発生する蓋然性が大きいとはいえないであろう。前述した通り、現在の技術の下では、戦争はより安価に、しかも効果的に遂行することが可能である。とはいえ、憲法の相違に基づく武力行使の可能性は、体制の正統性を賭けた冷戦がなお終結していない東アジアでは、消滅したとはいえない。そして、日本が安全保障条約を締結するアメリカは、もともと他国の憲法が自国の利害と合致しないと考えるならば、武力の行使あるいはその脅威を通じて、憲法の変更を迫ることにさしたる躊躇いを感じない国家である。9・11以降のアメリカは、独裁体制を打倒し、自由を他国へと押し広げることが、自国における自由の保持に直結するとし、盟友を守るためであれば、武力行使を厭わないと宣言している(もっとも、こうした行動が必ずしも国際テロの抑止につながらないことは、第1章の末尾で示した通りである)。

かりに日本がその憲法典を変更しようとするのであれば、その前提作業として、第一に、日本の基本秩序たる憲法は何なのかを見定める必要がある。その変更の如何は、日本が他の諸国といかなる関係に立つかを基本的に決定する。同一の憲法原理をとる国同士の間にのみ長期的に安定した関係がありうるからである。そのためには、第二次世界大戦での敗戦とその結果としての憲法の変更が何を意味したか、冷戦の終結の結果として普遍化した立憲主義はいかなる考え方を指し示すかをまず認識する必要があろう。日本が、現在でもなお「民族」としての同質性にこだわり、公私の区分に否定的な社会とはいえないか、改めて足元を確かめる必要がある。

憲法典の変更を言う前に

第二に、冷戦後の世界において、日本がいかなる目標を持つ、どのような憲法原理に立つ国家となろうとしているのかを決定する必要がある。福祉国家としての任務分担を放棄し、機会の拡大と引換えに各個人へと責任を転嫁していく国家へと変貌を遂げようとしているのであれば、そうした国家を「愛する」よう国民に求めたとしても、さしたる成果は期待できないであろう。

戦略と憲法との密接な相互関連性は、バビットが指摘するように、近代国家の歴史を理解する上でも、また今後の国家のあり方を考える上でもたしかに重要な論点である。しかし、軍事的な意味での安全確保の必要性は国家権力の正統化根拠の一つにとどまる。その他の考慮に基づく国家の活動範囲の画定は当然、可能であり、その途は、国民の審議と決定に委ねられている。

第三に、国民の生命と財産の安全の確保という国家としての最低限の任務を果たすために、そして、立憲主義という基本的な社会基盤を守るために、日本は外交・防衛の面で何をし、何をすべきでないかを改めて確認する必要がある。冷戦下において共産主義の脅威に対処するためにアメリカの核の保護を受けたことは、立憲主義に基づく議会制民主主義国であり続けようとする以上は、合理的な選択であったといえる。しかし、それ以上に、他国の体制の変更を求めて武力を行使することを厭わない特殊な国家との深い絆を求めるべきか否かについては、より慎重な考慮が必要であろう。深刻な環境問題に対処するために必要な地球規模の協力関係を構築していく上で、そうした特殊な国家と深い絆を結ぶことの有効性をいかに評価すべきかも重要な考慮要素となる。

以上のような課題は、憲法典の改正に乗り出そうとするか否かにかかわらず、検討されてしかるべきである。こうした課題について国民の合意を練り上げる作業は、憲法典の改正よりはるかに重要なその前提作業である一方、この作業の結論に比較するならば、憲法典の改正自体は、二次的な意義しか持たないであろう。というのも、もともと、成熟した民主国家にとって、憲法典の改正を通じてしかなしえない事柄は、さほど多くはないからである。この論点については、第5章で説明する。

〔文献解題〕

本章は、拙稿「冷戦の終結と憲法の変動」ジュリスト一一八九号二六頁以下を下敷きにしている。

カール・シュミットは、憲法制定権者の決定の内容たる憲法と単なる条文レベルの憲法律とを区別する。この点については、彼の『憲法理論』尾吹善人訳(創文社、一九七二年)第八章参照。本文中で引用した近代国家と「政治的なるもの」との関係に関する文章は、彼の『政治的なものの概念』一九六三年版(一九三二年の第二版の復刻版)序文からのものである。邦訳(田中浩・原田武雄訳(未來社、一九七〇年))には、この序文は収められていない。

シュミットは、ユダヤ人であるレオ・シュトラウスがナチズムの覆うドイツからフランスを経由してイギリスおよびアメリカに亡命する際、推薦状を書いてそれを助けた。シュトラウスは、『政治的なものの概念』について、とくにそのリベラリズム批判に好意的な注解をものしている。「政治的なるもの」を隠蔽しようとするリベラリズムが挫折しようとしている今、ふたたび国家の根底にあり、人間存在の根底とつながる「政治的なるもの」を呼び起こし、それを肯定する体系へと置き換えることが必要となっているというわけである。シュミットに先立ってホッブズが説いたように、物理的な人間存在をかけた対立状況である「政治的なるもの」は、人間の「自然な」状態であり、その根底的かつ極限的な状態である(Leo Strauss, Anmerkungen zu Carl Schmitt, Der Begriff des Politischen, in *Archiv für Sozialwissenschaft und Sozialpolitik*, vol.67, pp.732-49 (1932). 邦訳は、ハインリヒ・マイアー『シュミットとシュトラウス』栗原隆・滝口清栄訳(法政大学出版局、一九九三年)に収められている)。シュトラウスによるシュミット解釈については、終章でふたたび採り上げる。

ジャン゠ジャック・ルソーのホッブズ批判は、彼の遺稿「戦争状態論 The State of War, in J.-J. Rousseau, *The Social Contract and Other Later Political Writings*, ed. by Victor Gourevitch (Cambridge University Press, 1997)」で展開されている。拙著『憲法と平和を問いなおす』(ちくま新書、二〇〇四年)一一七頁以下に簡単な紹介がある。ルソーの主張の核心は、本来、人の暮らしと安全を保障するために作られたはずの国家が、その根幹となる憲法を守るために人々に命を捧げるよう要求する背理を指摘することにある。だからこそ、人の暮らしと安全を守るためには、むしろ国家を、そして国家を構成する憲法を捨て去ることも必要となる場合がある。

「国を守るために命を捧げた人に対して礼を尽くすのは当然」という言葉づかいがなされることがあるが、そこでいう「国」が何を指しているかを見極める必要がある。あまり気づかれていないかも知れないが、通常そこで指されている「国」とは、憲法によって構成された政治体としての国であって、それ以前の裸の国土や人々の暮らしではない。人々に死を要求し、しかも肝心な場面で国土や暮らしの背後に身を隠そうとする憲法の危険性を知ることは、憲法を考える第一歩である。

自然状態を抜け出して国家を設立すべきことを説いたホッブズは、国家が個人に死を要求しうるとは考えない。そもそも、国家が設立されたのは、生命の危険から逃れるためであった。したがって、戦いの最中、命を失う恐怖から敵前逃亡する者は、「不名誉」に振る舞っただけであって、不正を行ったわけではない。臣民は主権者に、闘うよう強制されることはない（『リヴァイアサン』（二）水田洋訳（岩波文庫、一九九二年）九七頁）。シュトラウスが指摘するように、シュミットとは逆に、ホッブズは「政治的なるもの」を極小化しようとしたのであり、その意味で、自身がそれを意図したか否かはともかく、リベラリズムの始祖ということができる（前掲『シュミットとシュトラウス』一三五〜一三七頁）。

フィリップ・バビットの近著は、Philip Bobbitt, *The Shield of Achilles: War, Peace, and the Course of History* (Anchor Books, 2002) である。本書の個々の結論に賛成するか否かはともかく、戦争が国家間で行われるものであり、国家が憲法によって構成されるものである以上、戦略と憲法との間の密接な関係に着目すべきだとのその基本的視点は多くの示唆を与える。とはいえ、各国の外交担当者の必読書とされているものの、九〇〇頁を超える浩瀚な本書を読了するには骨が折れる。アメリカ国防総省が二〇〇六年二月はじめに公表した「四年ごとの国防政策見直し報告(QDR)」は、アメリカが二〇〇一年の同時多発テロ以降、地球規模の過激派ネットワークを相手とする新たなLong Warに突入したと指摘している。

本文中で触れた、マイケル・ウォルツァーの「究極の緊急事態」論および原爆投下批判は、Michael Walzer, *Just and Unjust Wars*, 3rd ed. (Basic Books, 2002), Ch.16で展開されている。彼はこの論理をさらに、Michael Walzer, *Arguing about War* (Yale University Press, 2004), Ch.3で発展させている。後者によれば、「究極の緊急事態」において共同体の生のあり方を守るために戦時法規を踏み越えることが許されるという論理は、共同体の生き方には、それを構成する個々人の生を超える価値があるという共同体主義(communitarianism)を前提とする。一部のリベラルが主張するように、社会というものが、個々人が自由に選択する生の枠組みに過ぎないものであれば、それを守るために戦時国際法(道徳)を踏み越えることは正当化しえないというわけである。ウォルツァーの場合、守られるべき価値ある生のあり方とは、実はリベラルな生のあり方である。多様な価値観が並存する現代の民主国家において、可能な共同体のあり方は、リベラルなそれでしかありえない。この点については、Michael Walzer, The Communitarian Critique of Liberalism, in his *Politics and Passion: Toward a More Egalitarian Liberalism* (Yale University Press, 2004) 参照。

しかし、以上のようなウォルツァーの議論は、出発点からは導かれえないことまで主張している疑いがある。繰り返し述べているように、戦争に訴えてでも守らなければならないのは、あくまで憲法によって構成された政治体としての国家だからである。政治体としての国家の背後にある裸の国土や人々の生活が、戦争によって守らなければならない対象なのではない。前章の末尾で述べたように、愛される「国」とは、人為的に構成された政治体としての国に他ならない。その政治体がリベラル・デモクラシーであれば、それを守るための「究極の緊急事態」が発生しうるのであって、その背後に存在する国土や生活についての「究極の緊急事態」が発生するわけではない。

なお、政治哲学者のジョン・ロールズは、ウォルツァーと同様の原爆投下への批判を展開しているが(John Rawls, *Collected Papers* (Harvard University Press, 1999), pp.56 ff.)、もちろん彼は、共同体主義の立場からそうしているわけではない。ロールズにとって、リベラリズムはあくまで政治的な枠組みの問題であり、個々人の生き方の問題ではない。裏側からいえば、リベラルな社会に生きる人のすべてがリベラルな生き方をする必要はない。

第3章　立憲主義と民主主義

本書では、リベラル・デモクラシーを、立憲主義を基底とする民主主義体制という意味に用いている。立憲主義がいかにして生まれたか、そして、民主主義がいかにして冷戦後の世界の共通の政治体制となったかについては、前章までで説明した。ここでは、立憲主義および民主主義ということばの使い方について、あらためて整理をしておきたい。

1　立憲主義とは何か

二つの立憲主義

立憲主義ということばには、広狭二通りの意味がある。本書で「立憲主義」ということばが使われるときに言及されているのは、このうち狭い意味の立憲主義である。広義の立憲主義とは、政治権力あるいは国家権力を制限する思想あるいは仕組みを一般的に指す。「人の支配」ではなく「法の支配」という考え方は広義の立憲主義に含まれる。古代ギリシャや中世ヨーロッパにも立憲主義があったといわれる際に言及されているのも広義の立憲主義である。

他方、狭義では、立憲主義は、近代国家の権力を制約する思想あるいは仕組みを指す。この意味の立憲主義は近代立憲主義ともいわれ、私的・社会的領域と公的・政治的領域との区分を前提として、個人の自由と公共的な政治の審議と決定とを両立させようとする考え方と密接に結びつく。二つの領域の区分は、古代や中世のヨーロッパでは知られていなかったものである。

近代以前と近代以降

近代以降の立憲主義とそれ以前の立憲主義との間には大きな断絶がある。近代立憲主義は、価値観・世界観の多元性を前提とし、さまざまな価値観・世界観を抱く人々の公平な共存をはかることを目的とする。それ以前の立憲主義は、価値観・世界観の多元性を前提としていない。むしろ、人としての正しい生き方はただ一つ、教会の教えるそれに決まっているという前提をとっていた。正しい価値観・世界観が決まっている以上、公と私を区分する必要もなければ、信仰の自由や思想の自由を認める必要もない。

さらに、近代国家は、各人にその属する身分や団体ごとに異なった特権と義務を割り当てていた封建的な身分制秩序を破壊し、政治権力を主権者に集中するとともに、その対極に平等な個人を析出することで誕生した。人々の社会生活を規律する法を定立し、変更する排他的な権限が主権者の手に握られた以上、社会内部の伝統的な慣習法に依存する中世立憲主義はもはや国家権力を制約する役割を果たしえない。近代国家成立後になお意味を持つ立憲主義は、その意味でも、国家権力を外側から制約する狭義の立憲主義、つまり近代立憲主義に限られる。

立憲的意味の憲法

近代立憲主義に基づく憲法を立憲的意味の憲法ということがある。こうした憲法は、政府を組織し、その権限を定めると同時に、個人の権利を政府の権限濫用から守るため、個人の権利を宣言するとともに、国家権力をその機能と組織に応じて分割し、配分する(権力分立)。フランス人権宣言一六条が「権利の保障が確保されず、権力の分立が定められていない社会は、憲法を持つものとはいえない」とするとき、そこで意味されているのは、立憲的意味の憲法である。

立憲的意味の憲法は、必ずしも成文化されないが(イギリスが典型例)、近代立憲主義に基づく国家の多くでは、憲法は成文化され、しかも通常の立法過程による変更を許さない憲法として、硬性化されている。さらに、硬性憲法を持つ国の多くでは、憲法典の最高法規性を確保し、国家権力の制約を確実なものとするための違憲審査制が採用されている。日本国憲法も、近代立憲主義に基づく硬性の憲法典であり、その八一条は最高裁判所を頂点とする違憲審査制の採用を定めている。

第1章で描いたように、近代ヨーロッパで立憲主義が成立する経緯においては、宗教戦争や大航海を通じて、この世には比較不能な多様な価値観が存在すること、そして、そうした多様な価値観を抱く人々が、それにもかかわらず公平に社会生活の便宜とコストを分かち合う社会の枠組みを構築しなければならないこと、これらが人々の共通の認識となっていったことが決定的な意味を持っている。立憲主義を理解する際には、硬性の憲法典や違憲審査制度の存在といった制度的な徴表のみにとらわれず、多様な価値観の公平な共存という、その背後にある目的に着目する必要がある。立憲主義と敵対した思想家——たとえばカール・シュミットやカール・マルクス——と立憲主義との対立点は、制度的な表層の背後にこそあるからである。

九条解釈と立憲主義

たとえば、憲法九条の文言にもかかわらず自衛のための実力の保持を認めることは、立憲主義を揺るがす危険があるという議論があるが、これは手段にすぎない憲法典の文言を自己目的化する議論である。立憲主義の背後にある考え方からすれば、特定の生き方を「善き生き方」として人びとに強制することは、許されない。公と私の区分を無視し、特定の生き方を他の生き方に優越するものとして押しつけることになるからである。しかし、自衛のための実力を保持することなく国民の生命や財産を実効的に守ることができるかといえば、それは非現実的といわざるをえない。となると、それを憲法が命じているという解釈は、それでもそれが唯一の「善き生き方」であるからという理由で、国民の生命・財産の保護という社会全体の利益の実現の如何とはかかわりなく、特定の価値観を全国民に押しつけるものと考えざるをえない。

九条の文言は、たしかに自衛のための実力の保持を認めていないかに見えるが、同様に、「一切の表現の自由」を保障する二一条も表現活動に対する制約は全く認めていないかに見える。それでも、わいせつ表現や名誉毀損を禁止することが許されないとする非常識な議論は存在しない。二一条は特定の問題に対する答えを一義的に決める「準則(rule)」ではなく、答えを一定の方向に導こうとする「原理(principle)」にすぎないからである。九条が「原理」ではなく、「準則」であるとする解釈は、立憲主義とは相容れない解釈である。

2　民主主義とは何か

「多数者の支配」への嫌悪

民主主義あるいは民主政の原語である「デモクラシー(democracy)」ということばは、ギリシャ語の「多数者の支配」ということばに由来している。多数者は社会階層でいえば、貧困で知識や教養に乏しい大衆を意味し、彼らによる支配は、否定的に評価されることが通例であった。プラトンやアリストテレスの著書においても、デモクラシーは批判の対象である。師であるソクラテスに死刑判決を下したのが、民主政アテネの陪審裁判であったことを考えれば、彼らの態度は不自然とはいえない。プラトンの『国家』では、哲学者による支配こそが、理想の支配形態とされている。とはいえ、独特の問答法で人をおちょくり続けて反感を蓄積した上、青年に有害な影響を与えた咎で有罪とされたその「罰」として、迎賓館で食事に与かる栄誉を要求する傲慢さがなければ、ソクラテスが死刑の判決を受けることもなかったであろう(プラトンの描くふざけたソクラテスが、クセノフォーンの描く四角四面のソクラテスより実像に近いとすればの話だが)。

その後も、一九世紀の末にいたるまでのヨーロッパでは、僅かな例外を除けば、デモクラシーはマイナスのシンボルではあっても、プラスのシンボルであったとはいえない。例外としては、フランス革命期のロベスピエールおよびバブーフ一派を挙げることができる。

二〇世紀初頭に著され、その後のフランス憲法学の通説の基礎を築いたカレ・ドゥ・マルベールの『一般国家学への寄与』は、フランスの憲法史では、人民が直接、政治に参加する「人民主権」体制は、山岳派の支配したフランス革命期の一時期にのみ見られる変則であり、通則は、選良が自らを選挙した人民の意図に縛られることなく公益を審議し、その実現を目指す「代表制(régime représentatif)」であったことを指摘している。カレ・ドゥ・マルベール自身は、過去から当時にいたるフランスの憲法のありようを記述しているにとどまると自己規定しているが、「多数者の支配」に対する嫌悪感は、その行間から明らかに見て取ることができる。二〇世紀の初頭は、第2章で描いたように、各国の戦略上の必要性から、大衆の政治参加が進行した時期であったが、それは支配的な政治思想のゆえにではなく、それにもかかわらず進行した事象であった。

議会制とシュミットの批判

社会の選良が、啓蒙された世論を背景としつつ、公開の審議を通じて、真の公益を発見し、その実現を目指すという議会制のあり方は、フランス七月王政期に活躍したフランソワ・ギゾーによって、その理念型が描かれている。こうした議会制では、議員は各自の声望や財力を頼みにその地位を得ており、議会外の利害に拘束されることもなく、議会内でも所属する党派に規律される程度は弱い。

これに対して、カール・シュミットが『現代議会主義の精神史的地位』で描いたのは、機能不全に陥った議会制の実態である。大衆が政治に参加し、彼らを組織化するための政党が発達した民主政下では、議員は自力で当選することは不可能であり、多様な社会集団の利益を代表する組織政党の一員としてしか、活動することは不可能となった。議員は政党の一員となることでその地位を得たわけであるから、所属する政党の投票規律に拘束され、政党の代表する利益に即して行動するよう迫られる。こうした組織政党が、真の公益を目指して真剣に討議を行うことを期待すべきではない。公開の議場では、硬い主張をぶつけ合い、閉塞した事態を打開するためには、密室の協議によって、衝突する利害の妥協をはかることになる。リベラルな議会制はもはや、その前提条件を失い、機能不全に陥っているというのが、シュミットの診断であった。

ケルゼンの議会制擁護

シュミットの描く議会制民主主義の実像とその批判に対して、議会制民主主義を擁護したのが、同時代のハンス・ケルゼンである。ケルゼンは、真の客観的公益の存在に対する信念が失われた現代では、多様な利害の調整こそが政治のなしうる最大限であるとし、議会制はそれを実際に遂行するべきだとした。戦後日本の民主政観は、価値相対主義に立脚するこのケルゼンの議論に大きな影響を受けている。

「もし、意見と反対意見との自由な戦い――討論――のうちから正しい結論がうまれる、というのが自由主義の基本仮説であるとするならば、それは今日の議会には妥当しない。しかし、そのことはかならずしも議会の存在理由がなくなったことを意味しない。今日の議会の存在理由は、それが government by discussion であることにあるのではない。それは、議会がそこに代弁される社会のもろもろの利益相互間の現実的な妥協の場であることにある」とする、憲法学者の宮沢俊義の言明には、明らかにケルゼンの反映を見ることができる。

ハーバーマスと討議の空間

議会政治が組織政党に支配される現状にもかかわらず、現代において、なお客観的な公益の実現を目指して真剣な討議を行うことは可能だとする議論として、ユルゲン・ハーバーマスの提案がある。ハーバーマスによれば、たしかに政党に属する議会内部の政治家は、互いに硬直的な論議をぶつけ合うだけだが、彼らは実は、政敵の肩ごしに国民一般に向けて語りかけている。それによって喚起された公論は、定期的に行われる議会選挙等を通じて、長期的には国政へと反映される。討議に基づく民主主義は、討議の場を空間的にも時間的にも拡大して捉えることによって可能となる。

ハーバーマスが出てきたところで、ちょっとした注釈であるが、本書がいうところの、社会全体の利益に関わる討議と決定が行われるべき公共の場は、ハーバーマスがいうところの公共圏ないし公共空間よりは明らかに狭い。ハーバーマスのいう公共圏ないし公共空間は、互いにせめぎ合う価値観もディスコースの倫理に従ってお行儀よく討議を行い、そこからおのずから公共性が立ち上がるというハッピィな空間であるが、第２章でも述べたとおり、筆者は討議が公共の利益について適切な解決を示すには、論題の幅自体が限定されることが必要であるとの立場をとっている。逆にいうと、社会全体の利益に関わる討議と決定が行われるべき場(国・地方の議会や上級裁判所の審理の場が典型であろう)以外の社会生活上の表現活動では、そうした内容上の制約なく、表現の自由が確保されるべきである。

マディソンと大きな共和制

デモクラシーは、ヨーロッパから見ると大西洋の果てのアメリカ合衆国において、順調な発展を遂げた。もっとも、アメリカ建国の父たちが、もともとデモクラシーに対して好意的だったというわけではない。

合衆国憲法草案の批准を各州に呼びかける文書の中で、「建国の父」の一人、ジェイムズ・マディソンは、人民による政治が、「派閥の横暴(violence of faction)」という危険にさらされていることを指摘する。派閥の分裂と対立は、民主政が混乱する原因となり、多数派による少数派の抑圧などの不正義をもたらすが、派閥の発生は人間の本性に由来するものであって、これを取り除くことは望み薄である。可能なのは、その弊害を抑制することだけである。マディソンによれば、それを可能にするのは、規模の大きな「共和国」、つまり代表制国家を作ることである。小規模な直接民主政では、派閥の弊害を抑制することは困難であるが、大規模で人口の多い国家を作れば、多数派を構成しようとすると、多種多様な派閥に共通する利害を標榜するよう迫られるため、より広範な利益が自然と実現される。また、そうした国家では、すぐれた人材を政治家としてリクルートすることも容易である。

デモクラシーと異なり、共和国ないし共和制(republic)という概念は、古代ローマ以来、プラスのシンボルであり、ルネサンス期のイタリアにおいても、しばしば訴えかけられた理念である。マディソンが民主政ではなく、共和制の観念に訴えたのも、そのためである。

しかし、マディソンの当初の意図にかかわらず、彼が設立したのは、後の世代からみれば、まさに大規模な民主政治であった。「共和制」というプラスのシンボルを用いて「民主政」の内実を組み換えようとする動きは、ほぼ同時期のフランスにも見られる。フランス革命期、山岳派のリーダーであったロベスピエールは、民主的であることはすなわち、共和的であることだとする。「民主政とは、人民が絶え間なく集会し、すべての公共問題を自ら解決する国家ではない。……そうした国家は今まで存在したことはなかったし、そんなことをすれば、人民は独裁制へといたるであろう。民主政とは、主権者たる人民が、自らの制定した法に導かれつつ、自らなしうることは自らなし、自らなしえないことは代表者に授権してこれを行う国家である」。デモクラシーは、多数者たる無産者が自分たちの利益を求めて行う政治というかつての意味を離れ、多数者が社会公共の利益を求めて政治を行う共和制(republic のもととなるラテン語 res publica は、「公共の事柄」を意味する)と同じ意味を担わされるようになる。

アメリカの民主政

一八三二年、アメリカ合衆国を訪問したフランス貴族、アレクシス・ドゥ・トクヴィルは、宗教と政治の分離、広く行きわたった教育など、アメリカにおいて民主政を成功に導いている要因を分析した。その上で、君主の温厚、貴族の名誉、宗教、家族愛、地方の慣行、伝統的慣習など、君主制の下で自由を保障してきた諸条件が崩壊したヨーロッパ諸国は、アメリカと同様の民主政の下で自由を保持し続けるか、あるいは独裁の圧政の下で暮らすかのいずれかに向かっていくしかないとの予想を述べる。

この予想は、将来の世界はアメリカとロシアによって二分されるであろうとの彼の予測と響きあっている。

アメリカで発展したデモクラシーは、第二次世界大戦を通じて、誰もが疑うことのないプラス・シンボルへと変貌した。ファシズムと闘うために各国人民の忠誠心を調達する上で、デモクラシーは、他のシンボル(たとえば、議会制や代表制)より有効であった。シュミットの理解では、ファシズムも、治者と被治者の自同性を目指す点ではデモクラシーであるし、その点では、共産主義も異なるところはない。むしろ、ファシズムや共産主義の方がより徹底したデモクラシーであったことになる。

それにもかかわらず、第二次世界大戦は、デモクラシーかその敵かを旗印として争われた。ファシズム敗北後に現出した冷戦下の両陣営は、いずれも自らの体制こそが真のデモクラシーであることを標榜したが、冷戦の終わった今、異なる価値観の公正な共存を許さず、支配層が人民に政治責任を全く負うことのない体制をデモクラシーと呼ぶことは、もはや認められない。現在では、リベラル・デモクラシーのみがデモクラシーの名に値する。

3　民主主義になぜ憲法が必要か

プレコミットメントとは

さて、人民が政治の主人公であり、主権者である民主主義において、なぜ憲法によって政治権力を制限する必要があるのだろうか。たとえ、公と私の区分が必要であり、人びとの権利を保障することが必要だとしても、それは民主政治を通じて十分に実現可能ではないだろうか。

この問題については、さまざまな答え方があるが、ここでは、憲法による公権力の制限を、主権者が自らの能力を拡大ないし保持するための自己拘束として捉える見方を紹介しよう。プレコミットメント(precommitment)という考え方である。

自分が非理性的に行動して自らの利益を害する危険が予想されるとき、自分の行動の幅を予め限定するという方策の例はしばしば見られる。これから飲酒しようとするとき、飲酒運転をしないよう、自動車の鍵を自分の信頼する友人に預けて(彼自身は飲酒しないという前提である)、決して自分に鍵を返さないでくれと頼むのがその例である。主権者がその権限の一部を独立の機関に委ねる権力分立の原理も、このプレコミットメントの一例と見る余地がある。たとえば、ジャン・ボーダンは、貨幣鋳造権が主権の一要素であるとしたが、賢明な君主は貨幣鋳造権を自分自身で行使すべきではないとした。そうすれば、彼の発行する貨幣は信用を失い、彼の政治力・財政力はむしろ低下するからである。制約された権力は、無制約な権力よりも強力だというわけである。

民主国家において、主権者であるはずの人民の政治的な決定権が憲法によって制限されているのも、そうした制限を課された政治権力の方が、長期的に見れば、理性的な範囲内での権力の行使を行うことができ、無制約な権力よりも強力な政治権力でありうるというのが、プレコミットメントという視点からの説明である。

【文献解題】

日本国憲法九条の解釈と立憲主義との関係は、拙著『憲法と平和を問いなおす』(ちくま新書、二〇〇四年)の中心テーマである。とくに同書の第八章を参照。「準則」と「原理」との違いについても、そこで説明している。立憲主義の根底にある思想からすれば、九条は「原理」だと解釈せざるをえない。

立憲主義を法による権力の制限として広義に理解する最近の例としては、高橋和之『立憲主義と日本国憲法』(有斐閣、二〇〇五年)がある。高橋氏の理解では、立憲主義は、慣習法が権力を制約した中世ヨーロッパから近代国家を経て現代にいたるまで、状況に対応して次々に新装備を付加しながら順調に発展を続けてきた考え方であり、絶対平和主義でさえ、それに「順接」する新装備である。教会が唯一正しい価値観を教えていた中世ヨーロッパの立憲主義と近代以降の立憲主義を連続的にとらえる以上は、唯一正しい生き方を全国民に押しつける絶対平和主義が立憲主義に「順接」することも不思議ではない。問題は、近代以前の一元的な世界観に基づく立憲主義を現代において実現しようとする「ドン・キホーテ」的な企てに、果たして成功の見込みはあるか否かであろう。

民主制に対するプラトンの評価は、『国家』(下)藤沢令夫訳(岩波書店、一九七九年)第八巻(555-561)で示されている。もっとも、民主制に対する彼の否定的評価の前提――多彩な生き方が許容され、あらゆる気ままさと快楽が平等に尊重される国制――から、現代のわれわれも否定的な評価を引き出すか否かは疑わしい。他方、アリストテレスによれば、民主制とは、貧困な多数者が公共の利益ではなく、自分たちの特殊利益の実現を目指す体制である(『政治学』牛田徳子訳(京都大学学術出版会、二〇〇一年)一三四頁)。

クセノフォーンの描くソクラテスについては、クセノフォーン『ソークラテースの思い出』佐々木理訳(岩波文庫、一九七四年)参照。規律正しい軍人であったクセノフォーンの見たソクラテス像は、プラトンの描くそれとは全く異なる。

カレ・ドゥ・マルベールの『一般国家学への寄与』は邦訳されていない。原書R. Carré de Malberg, *Contribution à la théorie générale de l'État*, tome 1 & 2 (1920-22) は、二〇〇三年にDalloz社から復刻版が出されている。カレ・ドゥ・マルベールの描く「代表制」と「人民主権」の対比は、戦後日本の民主主義観にも大きな影響を与えているが、それは、主として宮沢俊義の理解を通じてのことであった。宮沢俊義による理解が含む問題点については、拙稿「全国民の代表」法学教室二八七号(二〇〇四年八月号)参照。

ギゾーの議会制像については、François Pierre-Guillaume Guizot, *Histoire des origins du gouvernement représentatif*, vol.1, new ed. (Didier, 1856) 参照。ギゾーの描く議会制の理念型は政党の発達した現代議会制にはもはやあてはまらないとするカール・シュミットの議会制批判は、『現代議会主義の精神史的地位』稲葉素之訳(みすず書房、一九七二年)で展開されている。

ハンス・ケルゼンの議会制民主主義観は、彼の『デモクラシーの本質と価値』西島芳二訳(岩波文庫、一九六六年)で展開されている。宮沢俊義の議会制観については、「議会制の生理と病理」(初出一九六一年)同『憲法と政治制度』(岩波書店、一九六八年)三九頁)参照。

ハーバーマスの見解については、彼の『事実性と妥当性』河上倫逸・耳野健二訳(未來社、二〇〇二〜二〇〇三年)所収の「手続きとしての国民主権」参照。討議民主主義の実現可能性という観点から、シュミット、ケルゼン、ハーバーマス等の議論を整理する文献として、さしあたり、拙稿「討議民主主義とその敵対者たち」法学協会雑誌一一八巻一八九一頁以下参照。

マディソンの民主政観――しばしば、政治的多元主義として整理される――は、ハミルトン／ジェイ／マディソン『ザ・フェデラリスト』斉藤眞・中野勝郎訳（岩波文庫、一九九九年）第一〇篇で展開されている。アメリカ連邦憲法制定期における民主政のあり方をめぐる思想状況については、ゴードン・S・ウッド「徳の喪失と私益の隆盛――連邦憲法制定をめぐる「私益」と「無私」」小川晃一・片山厚編『アメリカ憲法の神話と現実』（木鐸社、一九八九年）所収が概観を与える。

ルネサンス期イタリアの共和制思想を代表するのは、マキャヴェリである。簡便な入門書として、クェンティン・スキナー『マキアヴェッリ――自由の哲学者』塚田富治訳（未來社、一九九一年）がある。通俗的なマキャヴェリ像と異なる、徳と共和を提唱する政治哲学者マキャヴェリの姿を見ることができる。

ロベスピエールの演説は、John Dunn, *Setting the People Free* (Atlantic Books, 2005), p.116に引用されている。政治思想史家であるジョン・ダンによる本書は、デモクラシーという概念の変遷を知る上で有益である。

トクヴィルの観察については、『アメリカのデモクラシー第1巻』（下）松本礼二訳（岩波文庫、二〇〇五年）第二部第九章二五六頁以下および同第二部第一〇章四一八～四一九頁参照。

ボーダンのプレコミットメント論については、Stephen Holmes, *Passions and Constraint: On the Theory of Liberal Democracy* (Chicago University press, 1995), Ch.4, esp. p.114参照。邦

語文献では、阪口正二郎「立憲主義の展望——リベラリズムからの愛国心」自由人権協会編『憲法の現在』(信山社、二〇〇五年)や愛敬浩二「憲法によるプリコミットメント」ジュリスト一二八九号(二〇〇五年五月一～一五日号)二頁以下に、プレコミットメントに関する分かりやすい説明がある。この論点に触れた拙稿としては、「民主主義国家は生きる意味を教えない」紙谷雅子編著『日本国憲法を読み直す』(日本経済新聞社、二〇〇〇年)所収がある。

第4章　新しい権力分立？

1　ブルース・アッカーマン教授の来訪

二〇〇五年一〇月七日、イェール大学のブルース・アッカーマン教授が、筆者の勤める東京大学のロースクールを訪れた。行政法学者で、やはりイェール大学教授であるスーザン夫人を伴っての来日である。彼を囲むセミナーが開催されることになり、筆者がその抄訳とコメントをする役回りとなった。

体格もそうだが、人柄も話の中身も「デッケェ」という形容がぴったりするスター学者である。筆者がたまたま持参していた彼の著書をみとめると、頼んだわけではないのだが、「サインをしてあげよう」といって、表紙の裏一杯にあふれんばかりのサインをしてくれた。

さて、当日のアッカーマン氏の報告は、彼の論文「新しい権力分立（The New Separation of Powers)」に基づくものであった。「新しい権力分立」は、もちろん、「今までの権力分立」に対比された言い方である。権力分立といえば、モンテスキューが古典的権威とされてきた。アメリカ合衆国の「建国の父」といわれるジェイムズ・マディソンも、合衆国憲法の批准を呼びかける文書『ザ・フェデラリスト』の中で、モンテスキューにしばしば言及している。そこでまず、モンテスキューのいう権力分立論を振り返ってみよう。

1－1　モンテスキューの古典的な権力分立論

さて、古典的な権力分立というと、国家権力を立法・司法・行政の三つに分割した上で、それぞれを別々の機関に担当させることを提唱するものだと思われるかも知れない。しかし、これは、少々単純にすぎる考え方である。モンテスキュー自身は、そうした主張はしていない。

権力分立の眼目

一八世紀前半のイギリスの政治体制をモデルとした彼の権力分立論は、『法の精神』の第二部第一一篇で展開されている。同篇の冒頭で彼は、国家権力を立法・司法・行政の三つに分類した上で、第一に、立法権と行政権を同一の人間ないし団体が持つべきではないとし、第二に、司法権と他の二権のいずれかも分離されていなければならないとし、第三に、同一の人間ないし団体が三権のすべてを独占すべきではないといっている。そうした独占を許すと、法に従った国政の運用が阻害され、自由を抑圧する専制政治が行われることになるからである。立法権と行政権とが結びつけば、恣意的な法律を作った者が恣意的にそれを執行することになる。立法権と司法権とが結びついても同じことである。司法権と行政権とが同一の手に帰しても、やはり自由は存在しない。両権を合わせた強大な執行権者の前で、法律は空文に帰することになりかねない。

このモンテスキューの主張は、三つの権力をそれぞれ異なる機関に「独占」させるべきだという主張とは異なる。というのも、まず、彼は、司法権については、そもそも独立の機関を置くべきではないと主張しているからである。司法権は市民から無作為に選ばれ、裁判が終わればもとの市民にもどっていく陪審裁判が望ましい。そうすれば、「恐るべき裁判権力」は、特定の身分や職業に結びつけられることなく、「無となる」からである。

また、立法権に関しては、行政権の長が立法を阻止する権限(立法拒否権)をもって立法に参与すべきであるとされており、立法と行政の文字通りの厳格な分立は否定されている。そもそも、法律を制定する立法権と法律を執行する行政権とを異なる機関に専属させれば、行政権は立法権に服従することになり、そこに権力の抑制・均衡は働かないはずである。

マディソンが指摘したように、権力分立に関して「モンテスキューが真にいおうとしたことは、……ある部門の全権力が、他の部門の全権力を所有する者と同じ手によって行使される場合には、自由なる憲法の基本原理は覆されるということ以上には出ない」というべきであろう。つまり、立法・行政・司法のうち、二つ以上の権力がすべて同一人ないし同一団体のものとなってはいけないというのが、権力分立論の眼目である。
しかしながら、複数の権力のすべてが同一人ないし同一団体の手中に帰すことを禁止すべきことがモンテスキューのいったすべてではない。彼はさらに、最高の権力であるはずの立法権に、社会の中のさまざまな勢力が関与すべきことも提唱している。彼の見た一八世紀前半のイギリスでは、立法府は、貴族身分の利害を代表する貴族院、市民階級の利害を代表する庶民院に加えて、立法拒否権を持つ国王によって構成されていた。異なる社会勢力がすべて合意した場合にのみ、新たな法律が制定される。いいかえれば、制定された法律は、すべての社会勢力の利益に適い、その自由を保全する立法であるはずである。

影響力

国家がなるべく活動しないよう抑制することが国民の自由の保全につながるという当時のレッセ・フェールの政治思潮からすれば、こうした政治体制の枠組みが人々の心を強く惹きつけたことも理解できる。モンテスキューの影響により、当時のフランスでは憲法に関してはイギリスに倣うべきだとの傾向が強まり、一七八九年に勃発したフランス革命時にも、新たな国家体制作りに関する議論の中で、しばしばイギリスが引き合いに出されている。

また、アメリカ合衆国憲法の制定時にも、モンテスキューの影響は大きかった。アメリカの政治体制が、建国当初から今日にいたるまで、上下両院および立法拒否権を持つ大統領によって構成されていることにも、その影響は表れている。

もっとも、社会生活に対する政府の介入の程度が広がり、一般市民の政治参加の拡大に伴い、政党が政治生活において果たす役割が拡大した現代国家において、なおモンテスキューの示した原理に従うべき理由がどこまであるかは、再検討を要する問題である。彼がモデルとしたイギリスの統治構造も、その後の政党政治の展開と議院内閣制の成立により、大きな変化を遂げている。

1-2 「新しい権力分立」

さて、以上で紹介した古典的な権力分立に代えて、アッカーマン教授は「新しい権力分立」を提唱するわけだが、その概要を簡単にまとめると、以下の通りである。

三つの政治体制

ソヴィエト連邦および東欧における共産主義政権の崩壊により、これらの地域では、新たな国作りに向けた動きが広がった。このときにあたって、アメリカ人は今や、冷戦が終わって唯一の超大国となったアメリカのすべてが素晴らしいといわんばかりに、自国の憲法制度をも他国へ輸出しようと試みている。しかし、ヨーロッパやアジアで新たにリベラル・デモクラシーを打ち立てようとする諸国民は、アメリカの政治制度以外に、他の選択肢もあることに留意するのが賢明であろう。

リベラル・デモクラシーの政治体制は、権力分立のあり方によって、大きく三つに分類することができる。第一は、行政府の長と議会とを別々に有権者が選挙する大統領制で、アメリカがその典型である。第二と第三は、いずれも議院内閣制で、有権者が議会の議員を選挙し、議会が行政府の長を選任する点で共通する。ただ、このうち、第二のイギリス型議院内閣制では、議会や行政府の権限に対する制約が、明示的には存在しないのに対し、第三の「制約された議院内閣制（constrained parliamentarism）」では、議会や行政府の権限がさまざまな形で憲法上、制約されている。ドイツや日本の議院内閣制は、この第三のカテゴリーに属する。

何が望ましいのか

アッカーマン氏の診断では、三つの政治体制のうち、最悪なのがアメリカ型の大統領制である。大統領と議会とが別々に選出されるため、両者が異なる党派によって占められると、いずれもみずからの政策を実施する手段を奪われ、国政は閉塞状況に陥る。大統領制をとるラテン・アメリカ諸国では、しばしばこうした閉塞状況が発生し、それを打開する手段として、大統領が個人的な声望を楯にクーデターに訴えることも少なくない。他方、両者が同一の党派によって占められると、その党派が国政の全権を掌握する事態が発生し、司法部など、他の機関がそれを制約しようとしても、実効的な制約を期待することは困難である。選挙の結果によって、閉塞状況と全権掌握という極端な運用の揺れが生ずる不安定な制度は、新興のリベラル・デモクラシー諸国にとって推奨できるものとはいいがたい。

第二のイギリス型議院内閣制は、議会多数派と行政府が同一の党派によって占められることが制度上、保障されているために、国政の閉塞状況が発生する気遣いは少ない。しかし、新興の民主国家がイギリス型の無制約な議院内閣制をとれば、議会と行政府が与えられた権限をほしいままに行使して人々の基本的権利を侵害する危険、つまり「選挙された独裁(elected dictatorship)」に直面することになる。「憲法改革」を押し進め、国政上の権限を首相官邸に集中させるブレア政権に関して、そうした懸念がしばしば表明されていることはよく知られている。

そこで、アッカーマン氏が推奨するのが、ドイツや日本等の採用する「制約された議院内閣制」である。そこでは、国政の閉塞状況が発生しない点ではイギリスと共通だが、議会や行政府の権限を制約するための仕組みが、違憲審査制度など、さまざまな形で存在している。新興のリベラル・デモクラシーが採用すべき政治制度としては、第三の体制が最善といえる。第二次大戦後の日本人にとってはおなじみのこの制度こそが、アッカーマン氏の推奨する「新しい権力分立」のあり方である。

三権以外の機関の独立

ただ、権力分立は、立法・行政・司法の三権についてのみ考えれば、それで十分というわけではない。なぜ権力分立が必要かという根本の原理に遡って考えるならば、三権以外の機関の独立を確保することにも、十分な理由があることが分かる。たとえば、現代において権力分立によって達成すべき目的の一つは、国政の民主的正統性を確保することである(これはモンテスキューが念頭においていなかった課題である)。そして、民主的正統性を実現するという点では、選挙を実施し、その公正を監視する選挙管理委員会の独立性を保障することが何より重要である。二〇〇〇年のブッシュ対ゴアの大統領選挙がきわめて不透明な結末を迎えたのも、選挙の実施が州政府から独立した機関に委ねられていなかった点にその一因がある。

第二に、政治部門の決定した政策を専門的技術的知見に基づいて遂行する官僚機構の独立性と自律性を確保することも重要である。そして、官僚機構が政党政治からの中立性を保ち、効果的に政策を遂行していくためにも、大統領制よりは議院内閣制の方が適切である。行政府と議会とがそれぞれ独立に民主的な正統性に支えられている大統領制では、官僚が、対立する種々多様な政治集団や政治家を操って、官僚機構固有の権益を維持・拡張しようとする危険がある。むしろ、政治部門内部に党派的な政策のブレの生じない議院内閣制の方が、官僚機構の政治化を避け、法の支配を徹底することができる。そこでは、政治部門の決定した政策を忠実に遂行すべく、自分たちの専門的技術的知見を発揮することが、官僚機構の自己利益にかなうことになる。官僚機構が自らの特殊利益を実現しようとすれば、それがそのまま、法の支配という社会全体の公益の実現につながるわけである。

第三に、経済的な考慮に基づく権力の分立もありうる。中央銀行の独立性の確保は、健全な金融政策が通常の政治過程での短期的な党派的利害によって歪められないために必要である。また、富や所得の配分の現状が正当なベースラインであり、市場メカニズムを通したその変化もそのまま正当なものとして受け入れるというレッセ・フェール自由主義の立場に満足することなく、富や所得の適切な再配分をはかり、あらゆる人に最低限の生活水準を保障するための配分的正義を実現するためには、一定の財政的基盤をあらかじめ確保された「再配分府(Wealth Distribution Branch)」を独立した機関として設置するのも一案である。

要するに、アッカーマン氏の主張は、権力分立を語る際に、二〇〇年以上前のモンテスキューやジェイムズ・マディソンの議論にこだわってアメリカ型の権力分立を推奨するのは控えるべきだというものである。モンテスキューやマディソンは、たしかにその当時における最新の知見に基づく政治理論であり、憲法理論であった。しかし、彼らは現代のわれわれの置かれている政治状況の分析と問題の解決については、さして頼りにならない。われわれは、現代の最新の政治学の知見に基づいて憲法理論を再構成する必要があるというわけである。

2　首相公選論について

こうしたアッカーマン教授の議論は、いろいろな点で示唆的である。第一に、アッカーマン教授の議論は、近年、日本で高まった「首相公選論」の問題点を改めて明らかにする。筆者は、数年前、首相公選制の導入に反対する議論を展開したことがある。

首相公選制を導入すべきだというとき、首相を直接公選で選べば、首相が強力なリーダーシップを発揮することができるといわれたり、国会議員だけでなく、広く国民が首相の選挙に参加すること自体に意味があるといわれたりする。しかし、首相公選制を導入すると、本当にそうした効果が得られるのか。また、そもそも言われている効果なるものは、それほど望ましいものなのかについては、以下のような疑問を提起することができる。

議院内閣制との相性

首相公選制を導入すると首相のリーダーシップは本当に強化されるだろうか。イタリア出身で国際的に活躍する政治学者のジョヴァンニ・サルトーリは、それは期待薄だという。彼によれば、首相公選制は軍隊を用意しないで指揮官だけを選ぶようなものである。彼の議論をもう少し具体的な例に即して敷衍してみよう。

現在、日本の憲法では首相は国会の指名によって決まることになっている。衆議院と参議院の議決が異なる場合には、最終的には衆議院の議決で首相が決まる(憲法六七条)。衆議院の議席の過半数を占める政党が存在する場合には、その政党の推す候補が首相になるし、そうした政党が存在しない場合、議席の過半数に達する連合を組んだ諸政党が一致して推す候補が首相になる。

このため、政党の主要な役割は、首相候補を自分たちの中から選びだし、彼(女)を首相にするべく、なるべく多くの議席を獲得しようと（主として）選挙で競争することにある。もっとも、自分たちの仲間から首相を選び出そうとするのは、それ自体が目的ではないはずで、自分たちの目標とする政策を実現するためにそうするはずである。政党は、社会のいろいろな課題や要求を汲み取り、それを集約して実行可能で筋の通った政策プログラムとして国民に提示する責務がある。それを実行するためにこそ、自分たちの中から首相候補を出すわけである。そして、いったん自分たちの中から首相が選ばれたときは、自分たちの目標として掲げる政策を実施するため、首相の提案する法案や予算案を議会で可決するよう協力する責務を負う。自分たちの推す人を首相にすることができたということは、少なくとも衆議院の議席の過半数は確保していたということであるから、多くの場合は、自分たちの支持する法案や予算案を可決することもできるはずである。

首相公選制は、政党が果たすこの二つの役割、つまり自分たちの中から首相候補を選びだし、それを社会全体の課題や要求を集約した政策とワンセットで提示するという役割を分断し、機能不全におちいらせるおそれが強い。実際に首相公選制を実施してきたイスラエルの例を見てみよう。一九九二年の制度改革で、イスラエルはまさしく首相のリーダーシップの強化をねらって首相公選制を導入した。選挙で首相は、有権者に向かって直接、自分の実現しようとする政策を訴えかける。有権者の多数の支持を得た首相候補が首相になる。他方、首相候補を提示する任務から解放された政党は、もはや、社会全体の課題や要求を汲み取り、それを、国民全体にアピールするよう集約し、実行可能な政策として提示する必要はない。

各政党は、当然のことながらそれぞれの議席の最大化を目指すであろうが、そのためには、各政党が代表するセクショナルな利益(たとえば労働団体、宗教結社、経営者団体など)の実現を目指すのが効果的である。労働団体の利益を主に代表する政党が、有権者全体へのアピールを考えて、他の利益団体の主張をも取り入れ、労働団体の利益主張を抑制したとしても、他の利益団体の票を取り込むことは望み薄であるし、むしろ、労働団体の票が他の政党に流れてしまうおそれもある。

また、有権者の側も、首相を選ぶことで国政の根本方針に関する選択を済ませたという気になってしまい、国会議員を選ぶ際は、安んじて自分たちの個別利益を推進してくれそうな候補者に投票する傾向が生まれる。

このため、折角、首相公選で有権者の多数の支持を得た首相が生まれても、首相は自分の政策を支持してくれる堅固な議会多数派を得ることができない。各政党は、それぞれのセクショナルな利益の実現を標榜したからこそ当選したのであるから、議会でも、各利益団体の利益の実現を目指すのが自然である。結果として部分利益の獲得競争を行う四分五裂の議会を与えられた首相は、強力なリーダーシップを発揮することができない。

二〇〇一年三月にイスラエルの議会は、首相公選制度を廃止した。この制度が当初の目的を達しえないことが明らかになったからである。首相の公選は結局、三度実施されただけであった。人口六〇〇万弱のイスラエルでさえ、首相公選制に耐えることはできなかった。一億二〇〇〇万を超える日本は耐えられるであろうか。

小選挙区制との相性

もっとも、イスラエルは国会議員の選挙に比例代表制、しかも各政党の支持率が正確に議席数に反映するといわれる全国大の比例代表制を採っている。議会内が分立状態となり、各政党がそれぞれの代表する部分利益の実現を追求するのも、そのためだという考え方も成り立ちうる。国会議員を比例代表制ではなく、たとえば小選挙区制で選出することとすれば、結果は変わってくるという推測もありうる。

だが、小選挙区制と首相公選制の組み合わせはさらに深刻であろう。しばしば指摘されるように、小選挙区制では、政治家は、各選挙区の地元利益の追求に関心を寄せる傾向が生ずる。規模の小さな選挙区でしかも一人だけが議員として選ばれる以上、「私は地元のみなさんのお役に立ちます」という人が選ばれるのは自然の理である。アメリカ合衆国の下院議員にそうした傾向が見られることは広く知られている。

イギリスでそうした傾向が顕著でないのは、全国規模の投票規律の硬い二党制が確立し、全国レベルでの政策の実行力を独占しているからである。そして、イギリスで全国規模の二党制が確立したのは、国全体の利益を集約して一貫した政策綱領として具体化し、それを自分たちの首相候補と結び付けて提示する各政党の伝統があるからである。有権者全体に訴えかける政策論争と首相の選択とが、各選挙区の選挙で結びついているからこそ、つまり、総選挙の結果で首相が決まることになっているからこそ、こうした二党制が成立し、再生産される。

首相公選制は、この結びつきを分断することになるであろう。首相を生み出す役割から解放され、全国規模で勝利する意味を失った政党は、有権者全体にアピールすることに利益を見いだすこともなく、またそうした責務も感じないであろう。公選制で選ばれた首相は、それぞれの地元利益の実現に血道をあげる、まとまりのない議会と対峙することになりかねない。

首相公選制は、比例代表制をとる場合であれ、小選挙区制をとる場合であれ、議院内閣制の運用の要である堅固な議会多数派を崩壊させる蓋然性が高いというのが、これまでの結論である。そうである以上、小選挙区制と比例代表制を並立させた選挙制度でも、よりましな効果は期待薄である。

純粋の大統領制は？

それならいっそ、議会と行政権とが厳格に分立する大統領制に政治体制を変えるという案はどうであろうか。かつて中曾根康弘元首相が提唱した「首相公選制」なるものも、その内実はアメリカ型の大統領制を提案したものであった。

この案にも簡単に賛成はできない。大統領制の下では、立法権と行政権とは別々に有権者から選ばれる。政府が外交、防衛、警察など最小限の活動のみを行う国家であれば、これで済むかも知れない。

しかし、すでに紹介したアッカーマン教授の新しい権力分立論が示唆するように、政府の活動範囲が社会のすみずみにまで及ぶ現代社会で、立法権と行政権とが厳格に分立したままで、国政をスムーズに運用することは至難である。行政には、単なる法律の執行だけではなく、経済や社会保障など、重要な国策についてリーダーシップをとり、議会の立法活動を指導することが求められる。そして、大統領が独自の政策をもって選挙される場合にさまざまな問題が起こることは、アッカーマン氏が指摘する通りである。

現在にいたるまで、大統領制をとりつつ安定した民主政治を長期にわたって運用してきた国家は、若干の小国を除けば、ほぼアメリカ合衆国に限られるといっても過言ではない。そして、アメリカの政治制度の表向きの枠組みを移植することは可能かも知れないが、世界観の対立がなく規律の緩やかな二大政党の存在、地元利益中心の議員の活動や外交・防衛に関して政界全体が一致協力する伝統など、制度自体の欠陥を補うその運用に関わる、目に見えない政治文化や成文化されていない政治慣行をも同時に移植することは至難の技であろう。

半大統領制は?

行政府の長を公選で選ぶ残るやり方としては、現在、フランスで採用されている半大統領制(régime semi-présidentiel)がある。フランスでは、大統領は直接公選で選ばれる。大統領によって任命される内閣は議会に対して政治責任を負っており、議会の不信任決議によってその地位を追われる。大統領制と議院内閣制の中間形態だと言われることが多い。

ただ、フランスでの制度の運用を見ればわかる通り、国政を実際に遂行するのは、議会多数派のリーダーである。それが大統領であれば、大統領は議会多数派の支持を梃子に、自らの政策を遂行することができる。他方、大統領の属する政党が議会では少数派にとどまる場合は、議会多数派のリーダーが首相となって内閣を構成し、その政策を遂行する。結局のところは、議会の多数を掌握している政党ないし政党連合がいずれであるかが事を決する点では、議院内閣制と変わるところはない。政策の遂行のためには法律や予算を議会で成立させる必要がある以上、それは自然の道理である。大統領が直接公選であることだけでは、大統領のリーダーシップを確保することにはならない。

だとすれば、すでに議院内閣制を採用する日本が、憲法を改正してまで半大統領制に移行するメリットが果してあるか、疑わしい。また、大統領が議会少数派に属する場合には、大統領は実質的な政務からほとんど排除され、儀礼的な役割にとどまることになる。そのとき、天皇との役割分担が問題になるであろう。天皇の他に、儀礼的役割のみを遂行する公務員を税金を使って養う意味があるだろうか。

3　日本はどこまで「制約された議院内閣制」といえるか

「最悪の体制」

アッカーマン教授の新しい権力分立論は、首相公選制導入論に疑義を呈する筆者の議論に側面から支持を与えるものである。彼の分類論からすると、リベラル・デモクラシーの政治体制は、有権者が行政府の長と議会のメンバーとを別々に選出するアメリカ型か、それとも、有権者がまず議会のメンバーを選び、ついで議会が行政府の長を選ぶ議院内閣制かに二分されるわけだが、議会のメンバーとは独立に首相を選出する首相公選論は、彼にいわせれば、アメリカ型にあたることになり、最悪の政治体制だということになる。

ところで、本章の冒頭で述べたように、東京大学でのアッカーマン氏の報告に対しては、筆者は、コメントを述べる役回りを演じることになった。筆者が指摘したのは二つの点で、第一に述べたのは、大統領制よりも「制約された議院内閣制」が優れていることが、そこまで明瞭なのならば、なぜ、アッカーマン氏自身、アメリカ合衆国の政治体制を「制約された議院内閣制」へと変更するよう、改革の提案を行わないのかという疑義の指摘である。

彼の報告のもととなった論文では、現在の政治体制は、長い歴史を通じてアメリカ人の根本理念(Geist)となっており、これを変更することは容易ではないと指摘されているが、それが「最悪の体制」を「最善の体制」へと改善するのをためらう十分な理由となるのか、という疑義である。

これに対する彼の答えは、やはり、一国の憲法の根本理念を変更することはきわめて困難であるというものだった。彼の狙いは、むしろ、これから憲法を制定しようとする新しい民主主義国家にとって、ありうる政治体制はただ一つ、アメリカ型のみではないことを認識させることだというわけである。

日本の議院内閣制

さて、筆者のもう一つの指摘は、日本の政治体制がどこまで、彼のいう「制約された議院内閣制」といえるかという現状分析にかかわっている。たしかに、日本国憲法は議院内閣制を採用しており、内閣は議会に対して政治責任を負っている。そして、行政府および議会の権限は、違憲審査権を掌握する裁判所によって制約されている。また、官僚機構は政治的に中立で、かつ、専門的技術的知見に基づいて政治部門の決定を遂行することを標榜している。

ただし、こうした分析に対しては、いくつかの補足説明が必要である。まず、アッカーマン氏自身、日本における裁判所の制約が「弱々しい」ものであることを指摘している。この点については、あとでまた触れることにしたい。

官僚機構の「中立性」

第二に、官僚機構の政治的中立性についても、補足説明が必要となる。アッカーマン氏の分析によれば、議院内閣制のように、政権交代のため、時期によって政権党が全面的に入れ替わる体制では、官僚機構としては、党派的中立性を名実ともに体現し、A党の政権下ではA党の政策を誠実に遂行するが、B党の政権下ではB党の政策を誠実に遂行することが、専門的技術的知見をメリットとする自分たちの地位や利益を守ることにも直結する。これに対して、政治部門内部にさまざまな政治勢力がそれぞれ組織的に割拠する大統領制の下では、各官僚組織は、予算や人事等で自分たちの利益を守るために、対立する複数の政治組織を操るなど、術策を弄する余地が残るため、党派政治からの中立性が必ずしも確保できない。

日本ではどうだろうか。戦後の日本でほとんど常に政権党の座にある自由民主党は、少なくとも今までは、整合した体系的政策の遂行を目指した政治家の集まりではなく、むしろ、党総裁＝首相の座を狙う複数の領袖が率いる派閥の連合体であり続けてきた。そのため、党総裁＝首相の政策は、必ずしも党全体の支持を自動的に獲得することができない。

政府の政策が、国会に提出される法案として固まるまでには、政府部内の政策決定過程を経るだけではなく、与党である自民党内部の政策決定過程をも経る必要がある。

このため、各官僚組織としては、自分たちの利益を擁護するために、政府と必ずしも同じ政策を支持しないさまざまな政治家や政治集団を操縦する余地が残ることになる。日本の官僚機構は、イギリスの官僚機構と同じ程度には、党派政治から中立的であるとはいえない。こうした、与党内部の対立や官僚組織による政治過程の操作可能性は、郵政民営化をめぐる動きの中で、改めて浮き彫りになった点でもある。

二〇〇五年八月の郵政解散と、それに続く総選挙での自民党圧勝の余波で、政策決定に関する首相官邸の主導力が強まる「官高政低」現象が生じているといわれるが、これが政府と与党の二元的政策決定システムの終焉を意味すると見るのは速断にすぎるであろう。

行政・司法への制約について

他方、行政および立法に対する制約の「弱さ」については、どうだろうか。この問題に関するアッカーマン教授の議論は、マーク・ラムザイヤーとエリック・ラスムッセン両氏の分析に依拠している。両氏の分析は、大まかにいえば、次の通りである。戦後の日本では、自民党がほぼ一貫して政権党の座にあった。そして、最終的な違憲審査権者である最高裁裁判官の人事権は、内閣の手中にある。日本の最高裁裁判官は、六〇歳前後で任官し、七〇歳で停年退官するため、自分自身の考えを体系的に判例として残すほどの期間、最高裁にとどまるわけではない。最高裁が、違憲審査権の行使にきわめて慎重なのも、こうした条件に照らせば、驚くにはあたいしない。

こうした分析は、たしかにそれなりの説得力を持ってはいるものの、筆者としては、いささか視野が狭いのではないかとの印象を抱いている。より広い視野からの絵を描くためには、いくつかの別の論点を考慮にいれる必要があるが、ここでは、二点に限って簡単に述べてみたい。

第一に、憲法上、最高裁裁判官の人事権はたしかに内閣に握られているが(憲法六条二項、七九条一項)、実際には、政府・与党の思うがままに人事が進められるわけではない。裁判官の任命にあたっては、内閣は事前に最高裁長官の意見を徴するのが例であり、しかも、一五人の裁判官の出身は、長年の慣行で、裁判官から六名、弁護士から四名、検察官から二名、官僚から二名、学者から一名という枠が守られている。弁護士からの人事にあたっては、日弁連内部の最高裁判事推薦委員会の審議に基づき、最高裁長官が内閣に推薦するのが例である。内閣の裁量の幅は、見た目よりは限られている。

第二に、たしかに最高裁は、政治部門の決定に正面から衝突する判断を示すことは稀である。法律について違憲判断を下した例は、二〇〇五年にいたるまで、七件にとどまる（尊属殺重罰規定違憲判決、衆議院議員定数配分規定違憲判決〔二件〕、薬事法距離制限規定違憲判決、森林法共有林分割制限規定違憲判決、郵便法違憲判決、在外邦人選挙権制限規定違憲判決。なお、個別の行為を違憲とした例が愛媛玉串料訴訟など、他に数件ある）。しかし、違憲判断がここまで稀であるのが、最高裁裁判官の性向と在職年数のみに基づくものと考えるのは、いささか説得力に欠けるように思われる。筆者の見るところ、少なくとも制度的要因として、内閣法制局の存在を視野にいれる必要がある。

内閣法制局という存在

日本は議院内閣制であり、戦後、ほぼ一貫して国会には安定した与党多数派が存在した。このため、国会で成立する法律のほとんどは、内閣が提出した法案に基づくものである（こうした傾向は、議院内閣制をとる他の諸国にも見られる）。そして、内閣提出法案は、閣議で決定され、国会に提出される前の起草段階で、内閣法制局による綿密な審査を受ける。とくに、法案が憲法に違反しないか否かは、審査の重要なポイントである。

内閣法制局の構成員は、各省庁でも法律問題に詳しい公務員から選ばれる。司法試験に合格した者も少なくない。つまり、裁判官としては、内閣から提出されて成立した法律に関していえば、すでに自分と同等の能力を持つ機関によって審査されているとの前提で、その合憲性を判断することになる。このため裁判所は、議員提出立法や旧憲法下で成立した規定の合憲性に、そのエネルギーを集中することができる。実際、最高裁が下した法令違憲判決の多くは、議員提出立法か、あるいは旧憲法下で成立した法令に関するものである。

日本における政治部門の「制約」が、他の国に比べて弱いか否かについては、立法・司法・行政の三権だけではなく、他の機関の独立性や権限をも含めて判断する必要がある。これは、アッカーマン氏自身のアプローチからも要請されることである。

4　二元的民主政――「新権力分立論」の背景

一元的民主政と二元的民主政

アッカーマン教授の主な論旨は、リベラル・デモクラシーをこれから立ち上げようとする国家にとっては、大統領制やイギリス型の議院内閣制よりは、ドイツ型や日本型の「制約された議院内閣制」が望ましい選択であるというものであった。

ところで、今まで、リベラル・デモクラシーという言葉の使い方については、何も注釈を加えてこなかった。リベラル・デモクラシーという政治体制がいかにして生まれ、世界各地に広がっていったか、そして、それがどのような理念に基づくものかについては、前章までで一応の説明を行った。ここでは、アッカーマン氏が、あるべきリベラル・デモクラシーとして、どのような体制をイメージしているかについて、述べておきたい。彼の描くリベラル・デモクラシーの姿は、日本で今後の憲法のあり方を論ずる上でも、参考になると思われるからである。

彼が理想とするリベラル・デモクラシーは、アメリカ合衆国が実践してきたもので、彼はこれを二元的民主政(dualistic democracy)と呼んでいる。これは、一元的民主政と対比される概念で、一元的民主政の典型例はイギリスである。

イギリスには憲法典がない。理論上は、イギリス議会は万能である。議会によっても変更できないような根本的な憲法原理なるものはない。かりに、ある時点で、議会が特定の原理については、特別の多数決によらなければ変更できないと定めたとしても、後の議会は、その原理を単純多数決で変更することができると考えられている。

これに対して、アメリカ合衆国には硬性の憲法典がある。憲法の文言を変えるには、特別の改正手続を経る必要がある。しかし、アッカーマン氏が、アメリカの民主政は二元的だというとき、憲法と法律とでは制定の手続が異なるという以上のことが意味されている。というのも、憲法の規定の中には、必ずしも一国の根本原理を定めているとはいいがたいものも少なくないからである。また、一国の根本原理が必ず憲法典に規定されているとも限らない。

国の根本原理と憲法

日本国憲法の例でいえば、参議院議員の任期は六年で、三年ごとに半数が改選されることが、憲法四六条で定められている。また、国会の審議を非公開で行うには、出席議員の三分の二以上の多数が必要だとされている(憲法五七条一項)。これらの規定は、日本の民主主義の根幹に関わる原理を定めるものかといえば、おそらくそうではない。参議院議員の任期を八年として、二年ごとに四分の一を改選することにしても、また、秘密会を開くのに、出席議員の五分の三の賛成を要求することにしたとしても、日本の国のあり方が根本的に変わったとはいいにくいであろう。

しかし、これに対して、憲法九条の定める平和主義、不戦の宣言を廃止したとすれば、日本の国の根本的なあり方が変わったと考える人が多いのではないだろうか。また、憲法に明文では定められてはいないが、個人の名誉やプライバシーが尊重に値する重要な利益であり、憲法に明記されている表現の自由を制約する理由にもなりうることは、長年の判例を通じて確認されている考え方であるが、こうした考え方をとることをやめて、名誉やプライバシーは表現活動を制約する根拠にはなりえないのだという考え方を採用したとすれば、日本の社会のあり方は、やはり根本的に変わったと考える人が多いであろう。

つまり、国のあり方を定める根本的原理は、必ずしも憲法に明示されているとは限らない。そして、その変更には慎重さが要求される。アッカーマン氏も、その点を強調する。というのも、政治の世界は、カール・シュミットが描いたように、日常的には、さまざまな私的利害の競合と調整の場であり、社会の根本的なあり方を議論する場にはなりにくいからである。

憲法政治と通常政治

人間は、まずは自分自身の、あるいは身近な親族や仲間の利害を第一に考えて行動するものである。これは、政治の世界においても変わりはない。日常的な政治の場では、たとえば、ここに道路を作って欲しい、空港の騒音を減らして欲しい、同時にわれわれの仕事を確保して欲しいなどといった、個別の利害に関わる要求が集約され、対立する利害の調整が行われて、暫定的な決定が下される。

しかし、ときには、社会全体の利害に関わる大きな問題の存在が意識され、世論を方向づける指導者の下で、根本的な原理の変更を求める運動が沸き起こることがある。アッカーマン氏は、アメリカ合衆国の歴史では、こうしたことが今まで三度、そして三度だけ起こったとする。最初は、独立戦争から合衆国憲法の制定にいたる建国期、第二は、南北戦争から戦後の復興期、第三がニューディール期である。こうした時機に、人々は私的利害よりもむしろ社会全体の利害に関心を寄せ、偉大な指導者の下に、社会の根本的な原理の変革をなし遂げた。ただ、こうした運動が発生することは稀である。人間、誰しも社会全体の問題よりは自分自身や身近な人間の利害が気になるものだし、政治よりも大事なことは人生にたくさんある。根本的な原理が成功裏に変革される機会が、そうそうあるとは考えない方が賢明である。筆者の提示した疑問に対して、アッカーマン氏が、アメリカの大統領制を制約された議院内閣制へと変革するのは困難だと答えたのは、それがアメリカという国の根本的な原理の変革にあたると彼が考えたからであろう。

アッカーマン氏は、国の根本原理を変革する政治過程を「憲法政治(constitutional politics)」と呼び、日常的な利害調整に関わる政治過程を「通常政治(normal politics)」と呼んで区別する。彼のいう二元的民主政とは、この二つの政治過程が区別される政治体制を指す。イギリスのような一元的民主政では、この二つを区別することが困難である。お分かりのように、憲法を持つ国家についていえば、憲法の改正がすべて憲法政治に属するわけではない。また、憲法の改正によらない憲法政治も存在しうる。アメリカのニューディール期には、政府の任務と活動範囲を含めて、国家と社会のあり方が根本的に変わったが、憲法典はとくに変更されなかった。

アッカーマン氏の言っているのは、こうした二元的民主政を的確に運営するためには、制約された議院内閣制の方が容易であり、新興のデモクラシーにとっては、それを採用することが賢明だということである。

［文献解題］

モンテスキューの権力分立論は、彼の『法の精神』(上)野田良之他訳(岩波書店、一九八七年)第二部第一一篇「イギリスの国制について」で展開されている。彼の議論をより広い思想史の文脈に位置付ける最近の研究として、川出良枝『貴族の徳、商業の精神』(東京大学出版会、一九九六年)がある。マディソンのモンテスキューに関する検討は、『ザ・フェデラリスト』斉藤眞・中野勝郎訳(岩波文庫、一九九九年)第四七篇「権力分立について」で行われている。モンテスキューの権力分立論と、最近の憲法学界におけるその有力な解釈を学生向けに解説するものとして、拙稿「権力分立原理」月刊法学教室二八九号(二〇〇四年一〇月号)七二頁以下がある。

ブルース・アッカーマン教授の新権力分立論は、彼の The New Separation of Powers, vol. 113 *Harvard Law Review*, pp.633 ff. (2000)で展開されている。法律時報二〇〇〇年一〇月号に孝忠延夫・大江一平両氏による紹介が掲載されている。

アッカーマンの言及するブッシュ対ゴアの選挙戦は、以下のような経過をたどっている。二〇〇〇年一一月七日に投票が行われた大統領選挙の帰趨は、ブッシュとゴアの得票が伯仲したフロリダ州の選挙結果に依存することとなった。ゴアがフロリダ州の選挙人を獲得すれば、彼は明らかに選挙人の過半数を得るはずだったが、ブッシュがフロリダで勝てば、一票差でブッシュが大統領になることができる。暫定的な選挙結果によれば、ブッシュがフロリダを獲得した。ところが、フロリダのいくつかのカウンティで採用されていた穴あけ式の投票方式では、有権者による穴あけが不十分であったために、機械計算が不正確である可能性が指摘され、目視による票の再計算が行われることになった。フロリダ州法によれば、再計算の結果は一一月一四日までに州務長官であるキャサリーン・ハリス(彼女は、フロリダ州におけるブッシュ陣営の選挙運動の指揮を執った人物の一人である)に提出されるはずであったが、再計算作業は遅々として進まず、当日までには間に合いそうもない状況だった。州務長官は再計算の期限を延長する権限を有していたが、ハリスはこれを拒否した。ゴアはこの決定に不服を申し立て、フロリダ州の最高裁判所は期限の延長を命じた。ところが、裁判所の設定した期日となっても再計算作業はなお終了せず、一一月二六日、ハリスはブッシュがフロリダ州の選挙人二五名の獲得者であると正式に宣言した。この宣言に対するゴアの不服申し立ては、最終的に連邦最高裁に持ち込まれ、最高裁が再計算作業の全面停止を命じた結果、大統領職はジョージ・W・ブッシュのものとなった。たしかに、ここでは、選挙の実施は、中立な第三者の手に委ねられているとはいいがたい。連邦最高裁でさえ、その判断の中立公正さに強い疑念が提起された。常日頃は州法の自律性を強調し、連邦政府の権限を抑制しようとする保守派の裁判官たちが、今回に限っては、フロリダ州最高裁の判断を尊重しなかった点が、党派的な判断として非難される余地を与えている。Ronald Dworkin ed. *A Badly Flawed Election* (New Press, 2002) は、編者であるロナルド・ドゥオーキンのほか、ローレンス・トライブ、カス・サンスティン、リチャード・ポズナーなど、著名な論者による連邦最高裁の判断への賛否両論の立場からの評論を掲載している。

首相公選論に対する批判は、拙稿「首相公選論　何が問題か」世界二〇〇一年七月号での分析を下敷きにしている。ジョヴァンニ・サルトーリの議論については、彼の『比較政治学』岡沢憲芙監訳、工藤裕子訳(早稲田大学出版部、二〇〇〇年)一二九頁以下参照。佐々木毅他編著『首相公選を考える』(中公新書、二〇〇二年)は、小泉首相が設けた「首相公選制を考える懇談会」のメンバーの諸論考を柱とする。

日本の最高裁判事の人事については、大野正男『弁護士から裁判官へ――最高裁判事の生活と

意見』(岩波書店、二〇〇〇年)六四頁以下を参照。

「憲法政治」と「通常政治」を区別するアッカーマン氏の議論は、Bruce Ackerman, *We the People*, vol. 1, *Foundations* (Harvard University Press, 1991)で展開されている。邦語文献では、阪口正二郎『立憲主義と民主主義』(日本評論社、二〇〇一年)第四章に分かりやすい説明がある。平板な何事もない通常時と共同体全体を巻き込んだ大動乱の時との区別は、トマス・クーンが『科学革命の構造』中山茂訳(みすず書房、一九七一年)で展開した「通常科学」と「科学革命」の対比を想起させる。

最近のアッカーマン氏は、通常政治の場においても、一般市民が公共の問題について正確な知識に基づく真剣な討議を行い、それを大統領選挙や連邦議会議員の選挙等での選択に生かす道はないかを探る試みを続けている。その解決案が「討議の祝祭日(deliberation day)」、つまり、国政に関する重要な投票に先立って、一般市民が主要な争点に関する理性的な討議に参加するための数百人規模の集会を全国にわたって開催できるよう、国民の休日を設定するというアイディアである(Bruce Ackerman & James S. Fishkin, *Deliberation Day* (Yale University Press, 2004))。討議の日は、大統領選挙を典型とする国政に関わる投票日の二週間前に二日間にわたって設けられる。警察・消防のような必須のサービスに携わる人々をも含めて多くの人々の参加を可能にするためには、二日に振り分けた休日の設定が必要である。討議の日には、何が選挙の主な争点であるべきか、対立する候補は、それらの争点についてどのような態度をとっているか等の問題について、地域ごとに約五〇〇人の単位で討議を行う集会が開催される。有権者は、集会への参加を義務づけられるわけではないが、参加した場合には、一五〇ドルの日当が支払われる。集会では、主要な候補者——大統領選挙でいえば、共和・民主両党の候補者——がそれぞれ想定する主要な争点とそれについての考えがテレビ討論を通じて紹介された後、一五人程度に分かれた小集会と、五〇〇人規模の全体集会が交互に開かれ、有権者の討議の中から浮かび上がってきた争点の提示と、それに対する各党の代表者の答弁とが行われる。最後に、結論を明らかにするための投票が行われるわけではない。討議の目的は、投票日に向けて有権者の知識と関心を高めることにある。結論が明らかになるのは、あくまで投票日である。討議の日は、国政選挙の方向づけを世論調査やテレビのワイドショーから、的確な情報にもとづいて真剣な討議を行う一般市民の手に取り戻す実現可能なアイディアとして考慮にあたいする。

イギリス議会が法的に万能であり、「主権的」であるというテーゼからは、数々のパラドックスが生み出される。たとえば、オーストラリアやカナダなど、イギリスの旧植民地であった国々のいくつかは、イギリス議会が、その独立を認め、憲法をも制定する形で独立を遂げた。法的身分としては、オーストラリアやカナダの憲法は、イギリスの法律である。議会の法的主権性を額面通りに受け取れば、イギリス議会がこれらの諸国の独立を撤回すれば、植民地に逆戻りすることになる。これは、どう見ても常識に反する。全能の神は、自分自身が持ち上げることのできないほど重い石を創造することができるか、という神学で争われた伝統的問題と類似のパラドックスである。議会主権論およびそれと類似した概念をめぐる問題の一端は、拙著『権力への懐疑』(日本評論社、一九九一年)一五九頁以下で紹介されている。

そこでも述べたように、この問題は、嘘つきのパラドックスといわれる自己言及の問題と関連している。「私のいうことはすべて嘘である」という文で言及されている「私のいうこと」には、この文自体も含まれるのであろうか。含まれると考えると、この文がいわんとしていることも嘘だということになり、結局、「私のいうことはすべて嘘である」という文が何をいわんとしているかが理解不能となる。これは、「私のいうことはすべて真である」という文についても同じことである。最初の文に現れる「私のいうこと」の中に、この文自体が含まれると考えると、「私のいうこと」の内容は永遠に確定しない。

デンマークの法哲学者でハンス・ケルゼンの弟子であったアルフ・ロスは、憲法改正手続の改正についても、同じ問題が生ずるのではないかと考えた。「この憲法は手続Pを通じて改正できる」という規定でいう「この憲法」がこの改正規定自体をも含むと考えると、その規定に含まれる「この憲法」が何かが問題となる。そこに改正規定自体も含まれると考えると、その改正規定に現れる「この憲法」が何を意味するかがさらに問題となる。結局、改正手続規定自体が改正手続規定に基づいて改正できるとは、論理的には考えられないのではないかというわけである。同じように、主権的な議会が決定できる事項の中には、主権的な議会の権限自体の変更も含まれるのか(イギリス議会自身の決定によって、イギリス議会がオーストラリアに関する立法権を失ったとすれば、そういうことになる）、論理的にはそうしたことはありえないのではないかが、やはり問題となる。

第5章　憲法典の変化と憲法の変化

1 「憲法改正は必要か」という質問

憲法改正の是非について論じられるとき、国民の憲法意識、とくに世論調査に表れたそれが引き合いに出されることがある。この種の世論調査でよく見られる質問項目は、「憲法改正は必要か」あるいは「憲法を改正すべきか」というものである。

質問の不思議

これは、考えてみると不思議な質問項目である。「民法典改正は必要か」あるいは「民法典を改正すべきか」という質問を受けた人は、おそらく「民法典のどこをどう改正しようというのか、それがわからなければ、そんな質問には答えられない」という反応をするものであろう。あるいは、民法のことはよくわからないので何とも答えられないという反応をするかも知れない。いずれにせよ、一八九六年（明治二九年）の制定以来一〇〇年以上たつからとか、あるいは二一世紀の劈頭にあたるので、根本的に改正するのがいいのではないかなどという大雑把な反応はしにくいのではなかろうか。憲法改正については、どこをどう改正するかという具体的提案がわからなくても、回答できるものであろうか。

NHK放送文化研究所世論調査部は、一九七四年、一九九二年、そして二〇〇二年に憲法に関する国民の意識調査を行っているが、二〇〇二年の調査結果が『放送研究と調査』にまとめられている（中瀬剛丸・小野寺典子「変わる国民の憲法意識」放送研究と調査二〇〇二年六月号（通巻六一三号）一〇二〜一一二頁）。一九九二年の調査結果との違いの一つとして、「憲法改正は必要か」という質問に対して、「改正の必要がある」とする回答（五八％）が「必要がない」とする回答（二三％）を上回っていることが挙げられている。

同調査は、憲法に関する知識の高い人の中では、「改正の必要なし」という人が「改正の必要あり」という人を上回っていること（五三％対四四％）、憲法に関する知識が年を追うごとに低下していることなど、他にも興味深い結果を示しているが、右記の問題に即していうと、具体的な改正の論点に対する回答と、一般的な改正の要否に関する回答とのずれが関心をひく。つまり、具体的に憲法を改正して導入すべきかが問われた論点のうち、最も改正の支持の多かった首相公選制（六一％）および新しい人権（五九％）は、一般的に憲法改正を必要とする回答（五八％）を上回る賛成を集めている。つまり「憲法改正は必要か」という質問に対して改正の必要なしと答えた人の中に、首相公選制や新しい人権の導入については、憲法を改正して導入すべきだと答えた人がいたわけである。また、憲法九条を改正すべきか否かという質問に対しては、憲法を改正する必要はないと答えた人のうち七％が「改正の必要がある」と答えている（ちなみに、憲法を改正する必要があると答えた人のうち、九条を改正する必要があるとしたのは、そのうち四五％である）。

こうした結果は、質問に回答した人の思考の混乱を示しているというよりはむしろ、「憲法改正は必要か」という一般的な質問の空虚さを示しているように思われる。あらゆる法制度についていえるように、憲法についても具体的にどこをどう変えるかを明らかにしないまま（あるいは、ある条文の変更がどのような意味をもつかを回答者が理解しないまま）改正が必要か否かを一般的に問うことに、さしたる意味があるとは考えにくい。

2　国民の意識と憲法改正

もちろん、今述べたことは、国民が憲法についてどのような意識を持っているかは、憲法の運用にとって関係がないということを意味しているわけではない。むしろ、国民の憲法意識の如何は、憲法の正文が変更されるか否かより意味があるという見方も成り立ちうる。

憲法典改正なしの根本変更

シカゴ大学のデイヴィッド・ストラウス教授は、二〇〇一年に公表された「憲法改正の意味の無さ」という論文の中で、建国間もない国家は別として、成熟した国家の憲法運用にとっては、憲法改正は大きな意味を持たないという議論を展開している。

彼は、ニューディール期の連邦政府の権限拡大が、アメリカの国家体制のあり方に根本的といえる変更を加えたにもかかわらず、それが憲法典を改正することなく行われた事実や、一八一九年の *M'Culloch v. Maryland* 判決で合憲とされた連邦銀行の設立が、多くの人々によって判例による憲法改正と考えられた事実を挙げ、実質的意義における憲法の重要な修正が、憲法の正文の改正なしに行われたことを指摘している。また、児童労働の禁止ないし規制や性別にもとづく差別禁止は、そうした趣旨の憲法改正の試みが挫折したにもかかわらず、現在のアメリカ合衆国では事実上そうした憲法改正が実現したのと同様の法の解釈運用がなされている。

憲法の改正が大きな意義を持った例として、人種差別の是正を目的として南北戦争後に行われた第一三修正から一五修正までの三か条が挙げられることが多いが、これらの改正が実際上の効果を挙げたのは、改正が実現してほぼ一〇〇年後の各種の公民権法の制定およびそれを支える公民権運動の賜物であった。激烈な南北戦争に敗れた結果、北部に再統合された南部諸州にとって、これらの条項は、典型的な「押しつけ憲法」であり、人々にただちに受け入れられたわけではなかった。

他方で、憲法改正が直接に法的効果を挙げた例としては、大統領に事故があった場合の承継順を定める第二五修正や大統領・副大統領の任期の始期・終期を定める第二〇修正を挙げることができるが、これらは道路の交通規則にも比すべきルール、つまり内容の如何よりとにかく何かに決まっていることが重要な問題に決着をつけることを目的とするルールであり、だからこそ意味を持っているということができる。憲法改正によらず、通常の法律で同様のことを定めても、問題は同じように決着したはずである。女性の選挙権を定める第一九修正や上院議員を各州民の直接選挙によって選ぶこととする第一七修正は、そうした結果を目指す広範な運動の帰結を再確認したものであって、憲法を修正したこと自体に取り立てて大きな意味があったわけではない。これらもまた、通常の法律の制定や改正を通じて実現することのできる事柄である。

ストラウス教授は、アメリカ合衆国の経験に照らすと、建国後数十年もたてば、憲法典の改正自体はさほどの意味を持たなくなり、同じ効果は憲法典の改正の有無によらずもたらすことができるのであるから、むしろわれわれは通常の政治過程や司法過程において適切な結果がもたらされるよう、そちらにエネルギーを注ぐべきであると指摘する。また、このように、憲法改正の意義がさほどのものでないとすれば、憲法解釈にあたっては憲法典にまず着目し、その全体を整合的に解釈すべきだという、しばしば力説される解釈方法論上の主張にもさほどの説得力はないということになる。

以上のようなストラウス教授の議論は、他の国の事例で補強することができる。

フランスの事例

フランスの事例を見てみよう。一九七一年のフランス憲法院の判決は、第五共和制憲法の制定者が違憲審査の根拠条文としては予定していなかった一七八九年人権宣言を根拠として結社の自由を確認し、これによってフランスの違憲審査制度の機能を立法府の権能の限定から国民の権利の保障へと大きく転轍したが、これも、憲法改正によることなく、しかし憲法制度の機能が大きく変更された例である。

また、フランスにおける最近の憲法改正の多くが、国会の会期の延長や大統領の任期の短縮など、ストラウス教授のいう道路の交通規則に比すべきルール変更や、ヨーロッパ連合内部の条約との整合性を保つための改正であることにも留意が必要であろう。一九九五年に行われた第五共和制憲法第一二章の廃止は、一九六〇年以降、事実上機能を停止していたフランス共同体（旧フランス植民地諸国とフランス本国との連携をはかるための組織）の現状を追認したものであった。ストラウス教授の議論は、各国での憲法改正がどのような意義と機能を持つものか、それが果して国家体制の根本的変革をもたらすようなものか、憲法改正によることが是非必要なものであったのかについて、改めて検討を促す。そしてもちろん、日本で今なされている改正の提案についても、その意義と必要性について再考を迫る。

日本で憲法に新しい人権として組み込むことが提案されている環境権やプライバシー権は、その実質的保障のためには、具体的法令の整備や判例法理の展開が必要であるし、しかもそれで十分であり、憲法の条項にそれを付加することには、象徴的な意義しか認められないことは、第1章で説明した通りである。また、自衛のための実力を保持するために、憲法九条を改変することが是非とも必要であるともいいにくいことは、誰もが承知していることであろう。

3　実務慣行としての憲法

第2節で述べたことは、一般国民の意識が直接に憲法のあり方を決めるという単純な話ではない。国民の意識と憲法のあり方との間に全く関係がないというのは、民主主義国家としては病理現象であるが、典型的な民主政国家であっても、たとえば「憲法を改正する必要がある」と考える国民が多数派になったからといって憲法の実質的内容が変わったことになるほど、国民の意識と憲法との関係は直接的で単純なものではない。

法と道徳　この問題はさまざまな視点からアプローチすることができるが、ここでは、オックスフォード大学の法哲学教授であったH・L・A・ハートの提唱した、規範の「慣行的理解（practice conception）」といわれる視点を手掛かりとして、議論を進めてみよう。ハートは法実証主義の系譜に属する法哲学者で、法と道徳とを峻別する。道徳的に正しいことと、法的に要求されていることとは、必ずしも一致しない。では、法と道徳とはどのように違うだろうか。ハートは、法と道徳との違いは、法は意図的に変更されうるが、道徳はそうではないという点にあると主張する。「意図的な立法によって新たな規範が導入され、古い規範が改廃されることは、法の特質である。……他方、道徳的な準則や原理は、こうした仕方で修正されたり廃止されたりすることはない」。

議会が、今後は個人情報を収集・利用するためには、原則として本人の同意が必要だという法律(個人情報保護法)を定めれば、人々の権利義務のあり方はただちに変更される。これに対して、「道徳の準則、原理および基準が、法と同じように意図的に創設されたり変更されたりしうるという見方は、人々の実生活における道徳の役割と両立しない」。老人を敬うべきだとか、深夜は静かにして近隣に迷惑をかけないようにすべきだ等というエチケットは、たとえば「道徳議会」という団体の議決によって、意図的に創設されたり変更されたりするものではない。もちろん、道徳が全く変化しないわけではない。しかし、道徳は、社会生活の人々の慣行(practice)として徐々に生成し、発展し、衰退する。意図的に、たとえば誰か特定の人物や会議体の決定によって、道徳が創設されたり修正されたりすることは、こうした慣行としての道徳の本質に反するというわけである。

一次レベルから二次レベルへ

もっとも、ハート自身が指摘するように、法はあらゆる社会で意図的に変更されるわけではないし、法が意図的に変更されるようになった社会においても、あらゆる法が意図的に、かつ即時に変更されるというわけでもない。法が社会生活の規範として未発達な前近代の社会では、社会生活における人々の権利や義務を定める規範も、やはり慣行として特定の行動様式が人々に徐々に受け入れられ、模倣と同調を通じて定着し、実践されなくなることでやがて衰退していく。人々の権利や義務を定める一次レベルの規範は、本来、こうした社会的慣行として成立する。

しかし、近代化が進んで、社会状況の変化や人々の考え方の変化に対応して社会生活のルールを柔軟に変化させる必要が生じてくると、それがもたらす法の不確定性の問題に対処する必要が出てくる。そのため、人々は次第に、そもそもは慣行として生成した一次レベルの規範を意図的に変化させるための二次レベルの規範を、これもまた社会的慣行として生成していくことになる。つまり、人々の権利や義務を定める一次レベルの規範がどのようにして変化するか、そして、そのときどきの一次レベルの規範が何であるかをいかにして認定できるかを判断する基準となる規範である。いいかえれば、一次レベルの規範が何かを決めるための規範ということができる。その中核にあるのが、ハートのいう「認定のルール（rules of recognition）」である。

近代社会では、どの国にも、社会紛争を解決するための裁判所がある。裁判所の裁判官が、紛争を解決するためのルールは何か（つまり、一次レベルの規範は何か）を判別し、それを認定するための規範が、ハートのいう認定のルールである。たとえば、イギリスでは、「議会の制定した法こそが最高の効力を持つ規範であり、それに反する規範は効力がない」という認定のルールが存在する。アメリカや日本のように、違憲審査制度を持つ国では、

「議会の制定した法のうち、裁判所が違憲と判断していない法のみが法として効力を持つ」という認定のルールがある。こうして、法規範は意図的な変化を被る能力を身につけ、二次レベルの規範を中核として、法は全体として統一性を持つ体系となる。

第3章で触れたように、近代国家は、各人にその属する身分や団体ごとに異なった特権と義務を割り当てていた封建的な身分制秩序を破壊し、政治権力を主権者に集中するとともに、その対極に平等な個人を析出することで誕生した。これは、人々の社会生活を規律する法を定立し変更する排他的な権限が、主権者の手に握られたことを意味する。新たに出現した主権者は、慣習によって形作られてきた社会の法を、一方的に、しかも即時に変更する権限を持つと考えられた。二段階の規範によって構成される法秩序は、近代国家とともに新たに成立したものである。

二次レベルのルールと専門家集団

さて、この二次レベルのルールは慣行として生成するものであり、やはり慣行として定着し、衰退もする。慣行の内容が部分的に成文化されることもある。しかし、たとえ成文化されたとしても、二次レベルのルール自体は、あくまで慣行として存在するものであり、成文化されたテクストは慣行の反映に過ぎない。月が太陽の光を反映して輝いているように、成文化されたテクストも、慣行と合致しているかぎりで二次レベルのルールたりうる。

しかも、この慣行は、社会の全構成員の行動を通じて生み出されたり、衰退したりするものではない。二次ルールの生成はいずれの社会でも必然的に、意図的に作られ、改廃される法の標識を心得、どのルールが法としての妥当性を持つかを判別する専門的能力を備えた集団の生成を伴う。裁判官、弁護士、検事、法律学者などがそれに当たる。社会が複雑化・多様化し、あらゆる局面で法が援用されることの多い法化の進んだ「先進諸国」は、こうした専門的能力を備えた集団の再生産を目的とするシステム(たとえばロースクール)を備えている。こうして、誰もが社会生活のルールを直観的に心得、それに無意識に従っていた社会から、自分たちの従うべき社会生活のルールが何であるかを、専門的能力を備えた人々に、多くの場合は報酬を支払って、人々が教えてもらわなければならない社会への移行がもたらされるわけである。

ところで、憲法は典型的な二次レベルのルールである。何が妥当な、その社会の法体系に属する法であるかを決めるのは、少なくとも第一次的には、それが憲法に適合しているか否かで判断される。しかし、ここでいう「憲法」とは、妥当な法を判別する能力を備えた専門家集団の慣行として存在するそれであって、たとえそれが成文化されていたとしても、それは慣行の反映に過ぎない。月が輝いて見えるのは、太陽が光を放っているのであって、月ではないように、慣行が法の妥当性の基準を定めているのであって、テクストはそれを知る手がかりにとどまる。

三次レベルのルールへ

ただ、これで話が終わるわけではない。一次の慣行的規範のみを備えた社会が人々の考えや社会状況の変化に対応するために二次の規範を生成させ、一次の規範を意図的に変更する能力を備えるように、二次の慣行的規範を備える社会も、それを意図的に変更するための三次の規範を生成させるにいたるはずである。つまり、憲法を意図的に変更するための規範である。成文の憲法典には、通常、憲法改正手続を定める条文(場合によっては特定の条項の改正禁止を定める条文も)が挿入されている。

しかし、ここでも妥当な法の識別能力を備える専門家集団とそれ以外の一般人の分化が一定の含意を持つことになる。意図的に変更された二次規範が妥当な法の認定ルールをいかに変えたか、あるいはそもそも変えることが可能なのか、についても、専門家集団の慣行として生成する判断を待たざるをえない。だが、こうした三次の規範について別の専門家集団が生成するわけではない。結局は、三次の規範は担い手を同じくする二次の慣行的規範へと崩落し、吸収されることになる。手短にいえば、たとえ、憲法典のテクストを変えたとしても、その結果、肝心な認定のルールたる「憲法」がどのような変化を被るかを直接に判定するのは、限られた専門家集団だということになる。

4 憲法とそれ以外の法

法の回復への欲求か

もちろん、健全な社会では、妥当な法を判別する専門家集団の慣行は、社会一般の意識や考え方と相互に作用しあい、後者は二次レベルのルールのあり方についても、長期的には影響を与えるものであろう。第2節で述べたように、ストラウス教授の論稿は、そうした社会一般の考え方や運動が、(多くの場合、憲法の正文の変更を伴うことなく)二次レベルのルールのあり方を動かした例を示している。しかし、ハートのいう法規範の慣行的理解は、憲法典のテクストの改正が持ちうる意義の限界を考える上でも、また、なぜ人々が「憲法を改正する必要があるか」という漠然とした質問にこだわり続けるかについても、示唆を与える。

一次の社会生活のルールが慣行のみからなり、日常の生活感覚と密着している近代以前の社会ではそもそも憲法が必要とされない。近代社会の需要に対応して法を意図的に制定・改廃する必要が生じ、憲法が生み出されたとき、人々は社会生活のルールが日常の生活感覚から乖離し、経験や直感によってはそれを知ることができなくなったことを悟る。法は専門家集団のものとなり、専門家の判断を聞かなければ、人々は、自分たちの従うべき法が何かも知ることができない、そうした境遇に置かれている。憲法を成文化し、それ自体を意図的に制定・改廃の対象としようとする動きは、失われた法を再び自分たちの手に取り戻したいという人々の欲求の表れと見ることができる。民法や刑法はともかく、憲法なら我々でも理解できるし、我々自身の手で変えられるというわけである。

憲法と憲法典

しかし、残念ながら、成文化された憲法のテクスト（つまり憲法典）が二次ルールたる「憲法」であるわけではない。テクストを素材に法律専門家集団が紡ぎだす慣行の集まりが「憲法」であって、それはテクストを改廃することでは、必ずしも意図されたようには変化しない。そもそもテクストを変えることで変化するかどうか自体も、一律には答えられない。

二次のルールとしての「法」の生成、そして「憲法」の生成は、明の部分と暗の部分とを伴う。現代社会はその両面と付き合わざるを得ない。ハートの法哲学が教えるのは、

「憲法改正」の意義に関する、以上のような意気を阻喪させる物語である。ストラウス教授の議論は、実は、その応用問題に過ぎない。

もちろん、ここで述べたことは、国民が自主的に憲法典を改正することで「憲法」を変えることができないことを意味するわけではない。しかし、憲法典を変えることで実際に「憲法」が変わるのか、変わるとしてどの程度変わるのかについては、あらかじめ専門家の意見を十分に聞くべき理由がある。単にシンボリックな改正のために、無駄なエネルギーを注がないためにも、また、シンボリックな改正と抱き合わせで妙な「憲法」の変化に付き合わされないためにも。

ところで、憲法を変えることにつながらない憲法典の改正や、妙な方向への憲法の変動をもたらす憲法典の改正に付き合わされないための工夫としては、どのようなものが考えられるであろうか。第４章の文献解題で紹介した「討議の祝祭日」を改正の国民投票に先立って設けるというのも一つのアイディアである。改正の手続自体について、どのような工夫がありうるかについて、次章で検討したい。

【文献解題】

本章は、拙稿「憲法改正の意識と意義」全国憲法研究会編・法律時報増刊『憲法と有事法制』（日本評論社、二〇〇二年）を下敷きにしている。

ストラウス教授の議論は、David A. Strauss, The Irrelevance of Constitutional Amendments, vol. 114 *Harvard Law Review*, pp.1475 ff. (2001) で展開されている。

自衛のための最小限の実力の保持のために、憲法九条の文言の改正がなぜ不必要といえるかは、拙著『憲法と平和を問いなおす』（ちくま新書、二〇〇四年）の主要テーマである。第3章でも述べたように、自衛のための実力の保持を全面的に禁止する主張は、特定の価値観・世界観で公共空間を占拠しようとするものであり、日本国憲法を支えているはずの立憲主義と両立しない。したがって、立憲主義と両立するように日本国憲法を理解しようとすれば、九条は、この問題について、特定の答えを一義的に与えようとする「準則(rule)」としてではなく、特定の方向に答えを方向づけようとする「原理(principle)」にとどまるものとして受け取る必要がある。こうした方向づけは、「軍」の存在から正統性を剥奪し、立憲主義が確立を目指す公共空間が、「軍」によって脅かされないようにするという憲法制定権者の意図を示している。そうである以上、九条を改変して「軍」の存在を明確化しようとする提案は、自衛のための実力の保持を認めるという意味では不必要であるばかりか、公共空間の保全を目指す憲法の機能を揺るがしかねないものである。

前近代社会の法のあり方、近代後の社会における二次レベルの法のあり方を、「慣行」という概念を使って理解するハートの議論は、彼の『法の概念』矢崎光圀監訳(みすず書房、一九七六年)の一〇〇頁以下で展開されている。この訳書では、rule of recognition は「承認のルール」と訳されているが、裁判官を典型とする法の解釈・適用にあたる人々が、何がその社会の規範であるかを判別するためのルールという意味では、「認定のルール」と訳すのがより適当であるとの嶋津格教授の指摘に、ここでは従っている。ハートの「慣行」としての法の理解と「認定のルール」の役割に関しては、ジェレミー・ウォルドロン『立法の復権――議会主義の政治哲学』長谷部恭男・愛敬浩二・谷口功一訳(岩波書店、二〇〇三年)第二章での興味深い分析を参照。

なお、ここでハートの使っている「ルール」ということばは、法的問題に対する答えを一義的に決定する「準則」という意味ではなく、尊重すべき価値を示す「原理」をも含んだ広い意味で用いられている。

その社会の法が何かを判別する基準たる「認定のルール」が、結局は法律専門家集団内部の慣行によって形成されるものであるというハートの主張をより過激な形で先鋭化すると、法とは結局は法律家が「これが法だ」というものに他ならないという主張、とくに、憲法とは「裁判官が、これが憲法だ」というものに他ならないという主張にまで行き着きかねない。法とは裁判官が解釈によって「創造」するものであり、裁判官こそが真の立法者であるという議論の最近の主唱者として、パリ第一〇大学のミシェル・トロペール教授がいる。彼の主張を端的に示すものとして、

「リアリズムの解釈理論」南野森訳、法政研究七〇巻三号(二〇〇三年)六七七頁以下がある。

トロペール教授のような主張の妥当性については、一方では、ハートが指摘するように、こうした主張は、法律専門家集団が真摯に受け入れる主張(ハートのいう「内的視点からの主張」)とは考えがたいという難点があるし、他方で、法の「解釈」という活動をあまりにも広範に考えすぎているという問題点もある。

法規範の多くは、とくに「解釈」を要することもなく、日常的な言葉遣いや文法、さらには法律専門家集団の共有する知識や慣行を前提にすれば、容易に理解できる。このような形では理解が困難であったり、あまりにも非常識な結論にいたるために、法律家集団の間で共通の理解が形成しえないときに必要となるのが、「解釈」である。法のあらゆる理解が「解釈」なのではない。この点については、拙稿「法源・解釈・法命題」藤田宙靖・高橋和之編『樋口陽一先生古稀記念憲法論集』所収参照。

日本国憲法九条は、自衛のための実力の保持を完全に否定しているから改正すべきだとか、だから、その通りに現実をただすべきだという主張は、適切に理解するためには「解釈」が必要であるはずの問題を、「解釈」抜きで容易に理解できる問題とみなそうとする主張と見ることができる。しかし、現に多様な「解釈」が九条について存在するということ自体が、九条については「解釈」が必要であることを実証している。

本文の後半部分で論じた法の専門家集団の役割に関する記述については、民主主義の根幹を揺るがす由々しき議論であるとの評価もあるかも知れない。とはいえ、実際に行われている民主主義は、そうしたものである。多くの人々は、自らが選挙で選んだはずの政治家の主要な生産物であある法律の内容をつぶさに調べたりはしない。選挙のたびに配布される「マニフェスト」なるものを比較対照した上で支持政党を決める人がどの程度いるであろうか。それでも、人々は政府の権威に従う。おまわりさんのいうことを聞く。その間の事情は、非民主国家であった旧共産圏諸国における人々の政府に対する態度や暮らしぶりとさして違いはない。社会秩序が安定し、治安が守られ、自分たちの私生活が脅かされないかぎりでは、人々はそう簡単に政府を転覆しようとはしないものである。自分の人生にとって民主政よりも大事なことは、今夜の夕御飯をはじめとしてたくさんある。この点については、拙稿「民主主義国家は生きる意味を教えない」紙谷雅子編著『日本国憲法を読み直す』(日本経済新聞社、二〇〇〇年)所収参照。

こうした状況を変えるためには、アッカーマン氏の提唱する「討議の祝祭日」のような何らかの仕掛けが必要である。とはいえ、「討議の祝祭日」もそう頻繁に設けるわけにはいかない。

第6章　憲法改正の手続

第5章で説明したように、憲法典を改正することは、必ずしも憲法が変わることを意味しない。とはいえ、憲法典の改正を提案している人々は、憲法典の字面を変えることを自己目的化しているのでない限り、提案されている改正が行われることで、憲法の中身が変わると考えているのであろう。ここでは、憲法の中身を変えるための憲法典の改正を行うために踏むべき手続について考えてみたい。

1　改憲の発議要件を緩和することの意味

日本国憲法九六条一項は、憲法改正の手続について、次のように定めている。

この憲法の改正は、各議院の総議員の三分の二以上の賛成で、国会が、これを発議し、国民に提案してその承認を経なければならない。この承認には、特別の国民投票又は国会の定める選挙の際行はれる投票において、その過半数の賛成を必要とする。

つまり、衆参両院、それぞれの三分の二の特別多数決によって憲法の改正が発議された後、国民投票にかけられ、そこでは過半数の賛成が要求されている。

このうち、改正の発議の要件を衆参両院、それぞれの三分の二の特別多数決から、過半数の単純多数決に変更しようという提案が最近、行われている。三分の二という数の要求があまりに厳格であるため、必要な改正が行われにくいというのが、提案の理由のようである。最終的には国民投票で決着がつくのだから、発議については、さほど厳格でなくてもよいのではないかという理屈が付加されることもある。

こうした議論は、一見もっともらしくはあるものの、にわかには賛成しがたい。そもそも、なぜ、三分の二の特別多数決が必要とされていたのか、それを考えることなく過半数の単純多数決に変更するのは控えるべきであろう。そして、三分の二の特別多数決が必要とされている理由を考えるためには、なぜ、一般には、単純多数決でものごとを決めているのかを考える必要がある。

1－1　なぜ多数決なのか——その1

多数の、しかも異なる意見を持つ人々が統一した答えを出さなければならないときに、多数決でことを決するのは当然のことで、そうすることにとくに理由が必要とは感じられないかも知れない。しかし、こうした場合に多数決で結論を出すのがなぜ正当かについては、いろいろな理由づけが提示されている。ここではそのうち、憲法改正という問題と関連する二つの論拠を考えてみよう。

多数者の幸福　第一の論拠は次のようなものである。世の中には、いろいろな考え方を持った人、いろいろな利害に関わる人がいる。それにもかかわらず、ある問題について、すべての人に当てはまる統一した結論を出そうとするならば、少なくとも、全体として、その結論をとることでより幸福になる人が、より不幸になる人よりも多くなるような手続をとるべきであろう。

たとえば、ダムを作るべきかどうかが問題になっているとする。賛成する人についてだけダムを作ることにするというわけにはいかない。多数決をとってみてダム建設に賛成の人の数が、反対の人の数より多ければ、ダムを作ることによって、全体として、幸福になる人が不幸になる人より増えるはずである。もちろん、ここには、いろいろな論点の単純化が潜んでいるのだが(とても不幸になる人と少しだけ幸福になる人とを、どちらも同じ一票と数えてよいのか、そもそも人の幸不幸は、互いに比較できるものなのか等)、基本的な理屈は、今述べた通りである。

ある問題について、過半数の賛成を得ようとすれば、いろいろな人々の利害や考え方を取り入れていかざるをえない。ある問題については少数派になった人も、別の問題については多数派になることができるかも知れない。長い目でみれば、どの人の意見や利害も、同等に尊重される形で政治が運営されることが期待できそうである。

なぜ特別多数決か

さて、こうした多数決の論拠づけは、日々の政治が取り扱う問題については、相応の説得力を持っている。しかし、こと憲法の改正となると、単純多数決でよいとは簡単にはいえない。憲法は、ダムや道路の建設の可否や、年金問題の解決など、日々の政治問題を解決することを直接の目的としているわけではない。民主的な政治過程が健全に運営されるためには、その時々の政治的多数派が誰であれ、表現の自由を広範に保障し選挙権の平等を確保すべきではないかなどといった、日常的な政治過程を支える社会の基本原理を日常的な政治過程の手の届かないところに隔離するのが、憲法の重要な役割である。また、首相の指名手続や国会議員の任期など、社会の基本原理とまではいえないが、その時々の政治的多数派の都合で左右し始めると収拾のつかない混乱が起こりかねないために、やはり、簡単には変えられないルールを作るという役割もある。逆にいえば、こうした基本原理やルールは、簡単には変えられないのだと諦めをつけた政治家たちは、財政問題や年金問題といった、目の前の喫緊の政治課題にエネルギーを集中してくれるだろうという計算も成り立つ。

したがって、憲法の中身を変更しようというのであれば、その時々の多数派が何が都合がいいと考えるかといった、特定の人々だけの短期的な利害にもとづいて中身が決まらないような仕組みが必要になる。日本国憲法九六条が、憲法改正の発議に三分の二の特別多数決を要求しているのは、さまざまな意見や利害がある中で、なるべく幅広い意見や利害に共通する土俵を設定できるように、憲法の内容が定まることを狙っているからである。つまり、多様な利害を勘案して世の中のいろいろな人々がなるべく幸福になるようにという多数決の論拠からしても、こと憲法改正に関する限りは、多数決の要件を厳しくすることに理由があるということになる。

二〇〇五年一〇月末に自民党が公表した「新憲法草案」を見て、想像していたより「復古調」ではなく、穏やかな内容だとの感想を抱いた人は少なくないであろう。しかし、そうなった背景には、改正の発議には衆参両院で総議員の三分の二の賛成を得る必要があるという現行憲法の課した条件がある。この要件が単純多数決に緩和されたとき、同じように穏やかな改憲案が提案されるとは期待しない方が賢明ではなかろうか。

1-2　なぜ多数決なのか——その2

コンドルセの定理

もう一つの多数決の論拠は、第一の論拠より少々込み入っている。この議論は、コンドルセ侯爵というフランス革命期に活躍した政治家兼数学者が提示したものので、次のような定理にもとづいている。

ある集団のメンバーが、二つの選択肢のうち正しい方を選ぶ確率が、メンバー全体で平均して二分の一を超えており、かつ、各メンバーがお互いに独立に投票するならば、その集団が単純多数決によって正しい答えに達する確率は、メンバーの数が増すにつれて増大し、極限的には一、つまり一〇〇パーセントとなる。逆に、メンバーが正しい選択肢を選ぶ確率が平均して二分の一を下回っているならば、集団が多数決によって正しい答えに到達する確率は、メンバーの数が増えるにつれて減少し、ゼロに近づく。

壺の中に白玉と黒玉がはいっているとして、全体として白玉の数が黒玉より多ければ、壺の中からつかみ出すサンプルの数が増えれば増えるほど、サンプルの中で白玉が黒玉より多い確率は増える。壺の中の玉をすべて出してしまえば、前提からして白玉が黒玉より多い確率は一〇〇パーセントである。コンドルセの定理は、これとよく似た単純な話である。

政策に関する選択肢が、ダムを作るか作らないかというように、二つあり、かついずれかが客観的に正しい場合、ランダムに選んだとしても、正しい選択をする確率は二分の一であるから、充分に情報を与えられた市民が平均して二分の一を超える確率で正しい選択をするという想定はさほど突飛なものではない。そのとき、多数決が正しい結論を導く確率は、投票者の数が増えるにつれて増すことになる。

もちろん、この議論にもとづいて多数決を正当化するにはいろいろな問題点がある。そもそも、政策の善し悪しについて、「正解」なるものがありうるのかという根源的な問題もある。また、現代の政治過程では、政党や結社が大きな役割を果たすが、人々がその所属する政党の指示にしたがって投票するのでは、実質的な意味で投票者の数が減ることになり、このため、たとえ集団のメンバーの平均的な判断能力が比較的すぐれたものであるとしても、多数決が正しい結論を導く確率は低下することになる。

さらに、問題がきわめて専門的なものであったり、人々が偏見にとらわれがちな問題であったりすれば、人々の平均的な判断能力は低下し、そのため多数決が正しい結論を導く確率も、投票者の数の増大とともに低下することになる。少数者の権利にかかわる問題が、民主的な多数決ではなく、政治過程から独立した裁判所の判断に委ねられるべきだとされているのもそのためである。

なぜ特別多数決か

さて、以上のような議論の筋からすると、憲法の改正に単純多数決ではなく、要件の加重された特別多数決が要求されるのは、次のような理由によることになるだろう。第一に、少数者の権利の保障のように、人々が偏見にとらわれるために単純多数決では誤った結論を下しがちな問題については、より決定の要件を加重することに意味がある。もちろん、こうした厳格な要件によっても誤った改正がなされる可能性は残るが、それでもその可能性を低下させることはできる。

第二に、憲法に定められた社会の基本原理を変更しようとするのであれば、変更することが正しいという蓋然性が相当に高いことを要求するのは、不当とはいえない。これは、変更される前の状態を維持する方が、誤った改正をするよりはましであるという「保守的」な前提をとっていることになるが、日常の政治過程によっては、安易に動かすべきでないはずの重要な原理を動かそうとするのであれば、保守的な態度をとる方が賢明といえよう。

以上で述べてきたように、憲法改正の発議の要件が三分の二に加重されていることには、十分な理由があるのであって、この要件を単純多数決に緩和するというのであれば、なぜそうするのか、慎重に検討を加える必要がある。

2 憲法改正国民投票法について

あるべき国民投票制度

さて、国会による発議がなされれば、次は、国民投票である。本章の冒頭で引用したように、日本国憲法九六条一項は、憲法改正の手続について、次のように定めている。

この憲法の改正は、各議院の総議員の三分の二以上の賛成で、国会が、これを発議し、国民に提案してその承認を経なければならない。この承認には、特別の国民投票又は国会の定める選挙の際行はれる投票において、その過半数の賛成を必要とする。

つまり、国会によって憲法の改正が発議されると、改正案は国民投票にかけられて、そこでは過半数の賛成が必要だとされている。国民の「過半数」とは、全有権者の過半数なのか、それとも有効投票の過半数なのかなど、細かい点ではいろいろな解釈の余地が残されているが、全体の意味はほぼ明確である。

とはいえ、憲法が定めているのは、これだけであって、実際にどのような手続で国民投票を行うのか、国民投票に向けて、改正について賛成・反対の運動を行うことに、何か規制は必要なのかなどの論点については、国会が制定する法律によって、その答えが決まることになる。本書が刊行される頃には、すでに憲法改正のための国民投票に関する法律はでき上がっているかも知れない。しかし、これは法律であって、よりよい制度があるとなれば、両議院の審議・議決を通じて改正することは容易である。

ここでは、あるべき国民投票制度について、三点の提案をしたい。第一に、国会による改正の発議から国民投票まで、少なくとも二年以上の期間を置くこと。第二に、国民投票にいたるまでの期間、改正に賛成する意見と反対する意見とに、平等でしかも広く開かれた発言と討議の機会を与えること。第三に、投票は、複数の論点にわたる改正案について一括して行うのではなく、個別の論点ごとに行うことである。いずれも、有権者による投票が、短慮や情緒ではなく、十分な情報と熟慮に基づいて行われるようにする工夫である。

熟議期間の設定

憲法改正にあたって、最初の提案から最終的な改正にいたるまで長い日時の経過を要求する例は珍しくない。フランス革命後に制定された最初の憲法である一七九一年憲法は、改正の発議について、三度にわたって異なる構成の議会(つまり、三度の選挙を経た議会)が同一の改正を発議したときに、あらためて憲法改正のために、通常よりも多くの議員で構成される憲法改正議会を招集して、そこで最終的な改正を行うこととしていた(一七九一年憲法第Ⅶ編)。

似通った手続は、現代の各国憲法にも見られる。スペイン憲法では、基本的人権などの重要事項の改正にあたっては、国会の三分の二の多数により、総選挙をはさんで、二度の発議の議決がなされなければならず、その後に国民投票に付されることとなっている(一六八条)。また、スウェーデン憲法でも、改正の発議は総選挙をはさんで、二度、国会によってなされねばならず、しかも最初の発議がなされて、総選挙が行われるまでは、少なくとも九か月が経過することが要求されている。

このように、総選挙によって構成を異にする複数の議会による発議を要求したり、最初の発議から改正の結論を下すまで長い日時の経過を要求することには、どのような意味があるだろうか。

まずは、落ち着いてじっくり改正提案の当否について考える冷却期間を置くという意味がある。離婚をするについて、一定の期間を置いて、離婚の当否についてあらためて当事者に熟慮を求めるという制度は珍しくない。一時の情に浮かされて賢明とはいいがたい離婚をしないようにと、こうした制度は設けられている。

国民投票についても、短期間のうちに改正提案がどのような帰結をもたらすかについて十分に考える余裕もないまま、ワイドショー並の薄っぺらな情報に乗せられて安易な投票をする危険を避けるには、やはり十分な冷却期間を置くべきであろう。

もう一つの意味は、発議をする側に熟慮を求めることになる点である。短期間に結論が決まってしまう改正手続では、一時的に議会の多数を占めた政治勢力の固有の利害によって、改正が行われてしまう危険が高まる。総選挙をはさんだ複数の発議の議決を求めたり、発議から国民投票まで長い日時の経過を要求することで、議会の構成の変化や政治状況の変転にかかわらず、それでもなおこの改正提案を行うつもりがあるのかどうかを、提案する側にあらためて熟慮させることになる。状況がどう変化するか分からないという条件の下で自分自身の最善の利益を追求しようとすると、自然と、特定の誰のものでもない利益を追求せざるをえなくなるわけである。

こうした熟慮期間をおけば、たとえば、支持基盤となる特定の団体にとって有利な改正提案のように、特定の政党のみの短期的利害だけを考えてなされるような改正の提案は、少なくなるであろう。政治・経済・社会情勢の変化によっては、こうした改正を行うことが、逆に自党やその支持者にとって不利に働くこともありうるからである。長期的に物事を考えるよう要求することは、自分たちだけでなく、他の人々にも共通する社会全体の利益の実現を目指すよう強いることにつながる。

公正な討議の機会

さて、熟慮にもとづく改正という理念は、第二の、できる限り開かれた、賛成派・反対派の双方に公平な討議の機会を保障するという提案をも基礎づける。

一部には、現在の公職選挙法で定める選挙運動の規制を直輸入して、国民投票の結果を予測する投票を行ったり、国民投票に関する報道や評論で「虚偽」の事項を記載したり、国民投票の結果に影響を及ぼす目的で、新聞や雑誌に報道や評論を掲載することを禁止すべきだとの提案がある。しかし、これは、複数の党派に属する候補者がヨーイドンで票の獲得競争をする公職を求める選挙運動と、党派の違いを超えて、国のあり方の根幹に関わる憲法の改正に関する国民投票との違いを理解していない提案といわざるをえない。

数年ごとに、対立する党派に属する候補者が、共通の枠組みの下で公正に票の獲得競争をするためのルールを定める公職選挙法上の規制と、党派の対立を超えて、これから数十年にわたり国民の政治や生活の原則となる憲法の変更の可否を問うために主権者たる国民の直接の意思を確かめるためのルールとは、おのずから異なると考えるのが自然であろう。対立する党派の候補者が相争う選挙では、たとえば、候補者の経歴や過去の賞罰など、何が「虚偽」報道の対象になりうるか、判然としている。これに対して、憲法改正案については、何が「虚偽」報道にあたるのか定かでない。数十年にもわたって国民の政治や生活の原則となる憲法改正案の場合、起草者自身、将来の解釈・適用のあり方を正確に予測しえないことが往々にしてある。だからこそ、あらゆる解釈・適用の可能性を含めた幅広い視角からの報道と論議が必要となる。「虚偽」報道の規制によって報道の論議の幅をどのように狭めようとしているのであろうか。いかなる場合に適用されるか不明なマスコミの報道規制を置くことの意図が測りかねる。

憲法改正に関する論議について、適用対象の不明確な報道規制を置けば、報道表現活動の萎縮を招くことになりかねない。憲法改正という国民の政治や生活の基本にかかわる問題であるからこそ、改正賛成側の一方的な情報提供ではなく、賛否両論が公平に提示され、幅広い観点から論議の戦わされる場を確保することがなおさら重要となる。表現の自由に支えられた民主政治という現行憲法の根幹を維持するためにも、意図や適用対象の不明確な規制を置くべきではない。表現の自由の観点からみれば、解釈運用によっては、改正賛成派の提供する情報で公共空間が占拠されかねない規制が置かれること自体に問題がある。

公職選挙法上の選挙公報では、各候補者の経歴、政見等が掲載されることになっている。対立する党派の候補者が争いあっているからこそ、すべての候補者の経歴、政見を掲載し、有権者への周知をはかることに意味がある。これに対して、国民投票では、所定の憲法改正案に賛成するか反対するかが有権者に問われているのであるから、かりに公報を発行するのであれば、憲法改正への賛否両論をそれぞれ平等に掲載しなければ、選挙公報と同様の周知をはかったことにはならない。イギリスでは、レファレンダムの施行に際しては、テレビ・ラジオで、賛成派と反対派に平等に広報のための放送時間が割り振られる(Ofcom rules on party political and referendum broadcast)。日本でも参考にすべきではないだろうか。

要するに、公職選挙法の延長線上で憲法改正に関する国民投票を考えることには、大きな問題がある。日々の政治問題を党派の競合と妥協のプロセスの中で解決しようとする通常の政治過程と、世代を超え、党派の違いを超えて日本社会の根幹に関わるルールを定める憲法改正手続との違いを認識した上で、この問題を考える必要がある。

個別の論点ごとの投票

通常の政治過程と憲法改正手続との違いは、国民投票は複数の論点にわたる改正案について一括して行うのではなく、個別の論点ごとに行うべきだという第三の問題にも関わっている。通常の政治過程である議会の総選挙が行われるとき、単一の論点のみが問題となることはきわめて稀である。対立する政党は、それぞれ複数の争点に関する政策を提示し、それらを一括したパッケージ全体の優劣で、有権者の支持を求めようとする。話を単純化するために、今、A、B、Cの三つの改革案が国政上、問題となっているとしよう(たとえば、消費税の税率引き上げ、社会保障予算の増額、所得税率の引き下げ)。これら、それぞれの改革案に対して、三人の有権者(美紀、真由、佳乃)が表のような選好を抱いているとする。

今、それぞれの改革案を個別に投票にかけると、いずれも、2対1で否決され、いずれの改革案も実現しない。ところが、すべてをパッケージとして実行するという政党が現れると、三人とも、このパッケージに対しては+1の評価を与える(3－1－1＝1)。このため、この政党に対しては三人とも投票することが予想できる。

表　3人の選好	A	B	C
美紀	＋3	－1	－1
真由	－1	＋3	－1
佳乃	－1	－1	＋3

議会の総選挙とは、こうした相衝突する複数の政策をいかに組み合わせてより多くの有権者の支持を獲得するかという競合のプロセスである。二〇〇五年八月の総選挙のように、「郵政民営化」の一点に絞った選挙戦が行われるのは、総選挙としては異例であり、あまり好ましいこととはいえない。というのも、それ以外の争点が国会の審議で前面に出てきたとき、与党は、その争点については、有権者の委託を受けているとはいいがたいからである。

これに対して、憲法改正の国民投票では、それぞれの論点が党派を超え、世代を超えて、日本社会の根幹に関わるルールを改変することとなるのであるから、複数の論点を一括して有権者の意思を問うのは邪道といえる。そこでは、通常の政治過程と異なり、相衝突する多様な利害の調整が問題となっているわけではない。

総選挙では単一の争点のみを問い、憲法改正の国民投票では複数の争点を一括して投票の対象とするのでは、やるべきことと実際とが逆転しているといわざるをえない。

〔文献解題〕

二〇〇五年一〇月末に自由民主党が公表した新憲法草案では、改正手続に関する憲法九六条は、「この憲法の改正は、衆議院又は参議院の議員の発議に基づき、各議院の総議員の過半数の賛成で国会が議決し、国民に提案してその承認を経なければならない」と変更することが提案されている。つまり、発議の要件は、三分の二から過半数に緩和されるわけである。

第4章の文献解題末尾で触れたように、憲法改正手続を定める条項を、それ自身が定める手続にしたがって改正することができるか否かについては、論理的な問題もあるが、本文ではこの問題は扱っていない。本文で扱っているのは、もっぱら憲法改正手続の改正が、憲法の本来の機能を損なう危険性をいかにして避けるかという問題である。

清宮四郎『憲法Ⅰ』第三版（有斐閣、一九七九年）四〇八頁は、「改正手続緩和の提案が、他の規定の改正を容易にしようとの底意のもとに行われることもありうるが、そのような提案は、もとより、素直に受けとることはできない」と述べる。本文で述べたのは、改正手続緩和の提案がどのような意図でなされるにせよ、それは憲法の本来の機能を低下させるおそれがあるということである。

なぜ多数決でことを決すべきかの根拠については、拙著『憲法と平和を問いなおす』（ちくま新書、二〇〇四年）の第一章参照。この問題をまじめに考えないでいると、単純多数決で決めるべきでない問題まで単純多数決で決めてしまうことになりかねない。

ジャン＝ジャック・ルソーは、『社会契約論』桑原武夫・前川貞次郎訳(岩波文庫、一九五四年)の中で、「もし、人民が十分な情報を与えられて審議し、相互に連絡し合わないならば……その結果、常に一般意思が導かれ、決議は常に正しいものとなる」(第二篇第三章)として、単純多数決が正しい一般意思を導くとする一方、「決議がより重要で深刻なものであればあるほど、勝ちを制する意見は全員一致に近づくべきである」(第四篇第二章)として、重要な決定事項については、加重された多数決が必要であるとしている。政治学者のグロフマンとフェルドは、ルソーがコンドルセの定理を知っていたとすれば、こうした主張をしたことも理解できるとの議論を展開している(B. Grofman & S. Feld, Rousseau's General Will: A Condorcetian Perspective, *American Political Science Review*, vol.83 (1988), No.4)。彼らの議論を簡単に紹介するものとして、拙著『比較不能な価値の迷路』(東京大学出版会、二〇〇〇年)第六章「多数決の「正しさ」」がある。

ドン・キホーテの仲間たちは、床屋の髭剃り用の金盥をマンブリーノの兜と信じて疑わぬ彼を前にして、それが兜であるか金盥であるかの答えを多数決で出そうとした(『ドン・キホーテ』前篇第四五章)。出された答えは兜である。ここでは、多数決が真理に到達する適切な手段であるという見方が逆手にとられている。

スペイン憲法やスウェーデン憲法の定める改正の熟議期間の持つ意義については、第4章で紹介したBruce Ackerman, The New Separation of Powers, vol.113 *Harvard Law Review*, pp.633 ff., p.671 (2000)を参照。アッカーマン教授が指摘するように、改正の要件を加重することは、ジョン・ロールズのいう「無知のヴェール」で提案者を覆い、より公平無私な観点から提案を行うよう強いる効果を持つことになる(ibidem, p.667)。

個別の論点ごとの投票と全体を一括した投票とが異なった結論を導きうることについては、拙著『憲法』第三版(新世社、二〇〇四年)三二一〜三二二頁参照。本文で示した説明も、ここから採っている。

終章　国境はなぜあるのか

今まで、国家権力の組織の仕方やその限界づけのあり方について議論してきたが、そこでは、暗黙のうちに、世界には国家が多数存在することが前提とされてきた。複数の国家があるからこそ、立憲主義の国家や全体主義の国家が存在して、体制の正統性をめぐって対立が生ずることにもなる。そもそも、複数の国家があるからこそ、国家間の対立や紛争が発生しうる。

本章で扱うのは、第一に、国家はなぜ複数存在するのかという問題である。この問題は、国境はなぜ存在するのかと言いなおすこともできる。第二に扱うのは、ある国家の権力はどのような範囲まで及ぶべきかという問題である。この問題は、国境はいかに引かれるべきかという問題と密接に関連する。

本章の結論をあらかじめ述べると、「国境をいかに引くべきかについて、あらゆる場合に妥当する原理的な正解は存在しない」。これは、最近、逝去したイギリスの哲学者、バーナード・ウィリアムズの観察でもある。

1　国境はなぜあるのか――功利主義的回答

統治の実効性

最初の論点は、なぜ国境があるのか、つまり、地球上にはなぜ一つの国家ではなく、多数の国家があるのかである。この問題に関する一般的な回答は、功利主義的(utilitarian)なもののように見える。政治哲学者のジョン・ロールズは、晩年の著書『諸人民の法』の中で、国境の役割について、次のように述べている。

国境が歴史的に見ていかに恣意的に引かれていようと、政府の重要な任務は、一定の領域の環境保全と人口規模について責任を持つ住民の代表として実効的に行動することにある。

ここで、彼は財産権の比喩を用いて話をすすめている。ある資産について、特定の人間が所有者として責任をもって管理しない限り、資産の価値は次第に失われていく。これは、資産について一般的にいえることである。社会契約論からすると、社会契約が締結され、国家が設立される前の自然状態では、もともとは、あらゆる資産があらゆる人の共同所有に属していた。そうした世界では、どの特定の資産についても、誰も責任をもって管理しようとするインセンティヴがないため、すべての資産が劣化していく。

同様に、政治的に組織された人民は、適正な人口規模を保ちつつ、その領土とその環境を保全する責務をもっている。政府がこうした責務を果たしえないとき、人口の国外への流出や周辺地域への軍事的な領土の拡張、つまり国際の平和と安全を脅かす事態が起こりがちである。したがって、いかに現在の国境が恣意的に引かれていようと、それを維持することには理由がある。それぞれの領域を特定の人々が責任をもって管理することで、地球全体もよりよく管理されるというわけである。

人権の実効的保障

国籍の意義に関するロバート・グッディンの説明も、同様に功利主義的である。すべての人が生まれながらにして平等の人権を享受しているはずなのに、なぜ、それぞれの政府は、自国の国民の権利のみを保障しようとするのかという問題について、彼は次のように答える。人権がすべての人の生来の権利である以上、本来は、すべての政府がすべての個人の権利を保障すべきなのだが、そのとおりにすべての政府が行動すると、かえって個々人の権利は実効的に保障されない。国籍にもとづいて人々をそれぞれの政府の管轄に配分し、特定の政府が特定の人々の権利を保障するよう役割分担をした方が、人権は全体として実効的に保障される。それが国籍の役割であり、それ以上でも、それ以下でもない。

海水浴場で人が溺れかけているとき、本来は、その場にいるあらゆる人に救助すべき義務があるはずだが、実際にあらゆる人がその場に駆けつけると、無用な混乱が起こり、かえって多くの死傷者が出かねない。そうした職務を専門に担当するライフ・セーバーが救助に向かうこととした方が、効果的に人命を救助することができる。各国政府がその国民の権利をまず保護しようとするのも、同様に、地球レベルでの役割分担として理解できる。

逆にいえば、国籍の意味はせいぜいその程度のものであるから、ある特定の国家が自国民の権利を保護しようとしない場合、さらには、虐待や虐殺を実行するような場合には、むしろ他の国家はそうした人民の権利を保護すべきことになる。人々の生れながらの権利をいかに実効的に保障すべきかという観点からすれば、国境や国籍、国家主権が持つ意味は相対的なものにすぎない。

ロールズ、グッディンのいずれの議論からしても、現在の国境が現在あるように引かれていることに、さしたる意味はない。人類全体として果たすべき仕事の役割分担の目印として、国境が引かれているだけである。逆にいうと、通信技術や交通技術が格段に進歩し、地球環境や人権保障について、地域ごとの役割分担を行う必要性が低下すれば、国境の存在意義も低下するであろう。かりに、地球上をすべて覆う単一の世界国家がこうした役割を的確に果たすことができるのであれば、国境の意味はなくなるわけである。

2　国境はなぜあるのか——「政治的なるもの」

カントとホッブズ

しかし、地球上をすべて覆う一つの国家は、果して国家の名に値するであろうか。カントは、『永遠平和のために』の中で、「国際法の理念は互いに独立して隣り合う多くの国家の分離を前提しており」、そうした諸国家の敵対的状況は「他を制圧して世界王国へと移行していく一大強国のために、諸国家が溶解してしまうより好ましい」と述べている。なぜなら、統治範囲が極端に拡大した世界国家では法による統治が実効性を失って「魂なき専制」がもたらされ、それは結局、無政府状態へと堕落していくことが予測されるからである。

このカントの主張は、一見したところ、ロールズやグッディンと同様、世界帝国の統治の実効性に対する疑念を示しているかに見える。地球上のすべてを覆う世界国家よりも、特定の地域の特定の人民をそれぞれ特定の国家が支配する体制の方が、資源の管理や人権の保護をよりよく行いうるというわけである。しかし、カントの議論については、もう一つの読み方も可能である。

国家の存立根拠に関するカントの見方が、ホッブズの強い影響を受けていることは、よく知られている。自然状態における万人の万人に対する闘争を終結させ、地上の平和を確立するために、自然権をすべて主権者に譲り渡して国家を設立するというホッブズの構想は、相互に衝突する二つの思考を妥協させることで成り立っている。一つは、人間は自己の生存をかけて(つまり場合によっては、他者の死滅を目指して)互いに闘争する存在であるという考え方、もう一つは、それにもかかわらず、その闘争への志向は国家を設立することによって極小化することができるという考え方である。

視野を一国のみに限れば、ホッブズの議論は有効であるかに見える。国家を設立することで、万人が万人と戦う自然状態は終結するはずだからである。しかし、成立する国家は一つではない。成立した多数の国家は自然状態にあり、しかも、カントが指摘するように、多数の国家は、相互に敵対的な状況に置かれている。カントが『永遠平和のために』で描いたのは、多くの国々が、それぞれ共和政体を採用し、常備軍を廃止し、他国の侵略に対してては人民武装で対処するという体制をとることで、全体としては、より戦争の起こりにくい状況を作り出すことができるという構想であった。これは、ホッブズが論じ残した問題、万人の万人に対する敵対状況を解決するために生まれた国家が互いに敵対状況にあるという問題——これは、第2章のはじめで触れた、ジャン＝ジャック・ルソーによるホッブズ批判の核心にあった問題であるが——をいかに解決するかに関する、カントの答えである。そこでは、ホッブズの当初の二つの前提、つまり、人間は自己の生存をかけて互いに闘う存在であり、かつ、その闘争への志向は国家を設立することによって極小化しうるという前提が二つながら継承されている。

シュミットの人間と国家

しかしながら、国家による闘争の極小化は、世界国家を作り上げることによっても、実現しうるのではなかろうか。その可能性を否定する一つの道筋は、すでに述べた、世界国家の統治の実効性を否定するという道筋である。もう一つの道筋がある。人間の根底的な性質からして、世界国家は存在しえないというものである。これは、『政治的なものの概念』において、カール・シュミットのとった立場——あるいは、より正確にいえば、レオ・シュトラウスの理解したカール・シュミットの立場である。

自己の物理的生存をかけて闘う存在として人間を見る点では、シュミットはホッブズと共通している。しかし、シュミットによれば、この人間の根底的性質は、国家を設立することで抑え込まれることはない。第2章でも見たように、シュミットによると、いったん国家が成立すれば、自己の「敵」と「友」を区分する「政治的なるもの」は、国家間の関係として括り出され、国内には「政治的なるもの」は存在しえなくなる。国内に存在しうるのは、治安の維持を典型とする「行政(Polizei)」であって「政治(das Politische)」ではない。国家間の関係として括り出された「政治的なるもの」は、国家の存立をかけた問題、つまり、どの国家が生存し、どの国家が死滅するかをめぐる強烈な闘争へと諸人民を巻き込んでいく。人間の危険性が確実であるように、政治的なるものの必然性も確実である。

シュミットは、これと異なる人間観・国家観がありうることを否定していない。たとえば、平和主義者の人間観・国家観がそれである。平和主義者からすれば、生存をかけた闘争は人間の本質ではない。人間を闘争へと向かわせる非本質的な外的条件、たとえば資源の希少性を取り去ってしまえば、人間はただ、生産と消費を繰り返し、娯楽に興じる無害な存在として生きていくことができる。そこでは、世界国家も当然可能だし、さらにいえば、世界「国家」の必要さえない。単なる資源の生産と消費を管理する経済共同体が存在するだけである。シュミットは、そうした世界でも、「おそらくはたいそう興味深い、さまざまな対立や対比、あらゆる種類の競争や策謀が存在しうるであろう」と皮肉に満ちたコメントを加えている。

シュミットの立場からすれば、ホッブズは、そして彼の思想から派生したリベラリズムも、人間の本質について、そして国家の本質について、いずれの立場をとるかを決定することができないでいる。人間は闘争する。しかし、国家はそれを抑制しうる。抑制しうる国家は互いに敵対するが、その敵対は極限的な闘争に陥ることはない。つまり、リベラリズムは中途半端な均衡点を目指す思想だということになる。「永遠平和にむけて」カントの描く諸国家が並存する状況も、この中途半端な均衡点にすぎない。

生の意味をかけた闘い

しかし、なぜシュミットは、リベラリズムのこうした態度を否定するのであろうか。シュトラウスは、この問いに対してある回答を与えている。そして、その回答は、近代立憲主義が解決しようとした問題、比較不能な価値観・世界観が公平に共存しうる社会をいかにして構築するかという問題の位置づけと関連している。

第1章で描いたように、人としての正しい生き方とは何か、なぜ自分は存在するのか、なぜ宇宙はあるのか、という問いへの答えは、人の生の意味、そして宇宙の意味を決定する。こうした問いに対する両立しない複数の立場が相争うならば、それは相互の生と死をかけた闘争へと至るのが自然である。立憲主義とは、こうした永続する闘争に終止符を打ち、お互いの違いを認めつつ、なお社会全体に共通する利益の実現を求めて、冷静に討議と決定を行う場を切り拓くプロジェクトであった。近代立憲主義を生み出したのは、血みどろの宗教戦争から抜け出そうとした近代ヨーロッパの経験と知恵であり、その梃子とされたのが、個人の自己保存への権利を、信仰の如何にかかわらず誰もが承認する自然権だとするグロティウスやホッブズ等の提唱した自然権論である。シュトラウスの言い方を借りるならば、「近代ヨーロッパは、正しい信仰に関わる戦いから逃れるために、中立的な基盤そのものを探し求めようとした」。

しかし、「絶対的にそして最終的に中立的な基盤」を発見しようとする試み、「すべてを投げうって成立する協調は、人間生活の意味を犠牲にした場合にのみ可能である。というのは、そうした協調は、人間が正しいものは何かという問いを立てることを放棄する場合にだけ可能だからである。そして、人間がこうした問いを放棄するならば、人間は人間であることを放棄することになる」。

人間が自分の生きる意味にあくまで執着するとき、つまり、「人間が、正しいものは何かという問いを真剣に立てるとき」、シュミットのいう「解決不能の問題(unentwirrbaren Problematik)」、そして「生死をかけた戦いが火を吹く。正しいものは何かという問いを真剣に立てることのなかに、政治的なるもの——それは人類を友と敵に分類する——の正当な根拠がある」。

生の意味をかけた問いかけをやめようとしないとき、とどまるところのない闘争が続くのは不思議ではない。そして、その闘争が国境線をもって停止すると期待すべき理由もない。「政治的なるもの」の確実性・永続性を説く立場と近代立憲主義とは、こうして、根底的なレベルにおいて両立しえない。

シュミットにとって重要なのは、友と敵の対立を是が非でも調停しようとする中途半端なリベラリズム(立憲主義)との戦いではないことが分かる。彼が予期するのは、中途半端な調停者の肩越しに見える真の敵との戦いである。

3　国境はいかに引かれるべきか

第二の論点は、国境はいかに引かれるべきか、あるいは、国家の権威はどこまで及ぶべきかである。なぜ国境があるのかという問いに対する功利主義的回答からすれば、この問題はさして重要な問題ではない。また、シュミットの立場からしても、肝心なのは生か死かをかけて闘争する国家間の対立関係にあり、個々の現実の国境のあり方にはない。対立関係が激化すれば、敵は単に「自国の域内に追い返されるべき」存在ではなくなる。それは、自己の存在をかけて絶滅すべき存在である。さらにいえば、生死をかけて対立する勢力が国境によって「敵」「味方」に明確に区分されるという図式そのものが、国境を越えるテロ活動と国境を越える「予防的」自衛権とが対抗する現代世界においては、もはや当てはまらなくなっている可能性がある。

通常正当化テーゼ

国境はいかに引かれるべきか、国家の権威はどこまで及ぶべきかという第二の問題に関する筆者の回答は、ジョゼフ・ラズの提唱した、権威に関する通常正当化テーゼ(normal justification thesis)に従っている。

ラズによれば、人が権威に従うべきなのは、権威がそう命ずるからという理由以前に、その人にそうした行動をとるべき独立の理由がすでに存在するからであり、しかも、各人がそれぞれ独自に自分のとるべき行動が何かを判断するよりも、権威の命令に従った方が、各人がとるべき行動をよりよくとることができるからである。

たとえば、私が英会話の教師のいう通りに発音すべきなのは、私が自分で判断して発音するよりも、よりよく英語を習得することができるからだし、私が英語を習得すべきなのは、教師にいわれたからという理由以前に、私に英語を習得すべき独立の理由、たとえば、アメリカに出張しなければならない、という理由があるからである。

ラズの通常正当化テーゼは、本来、自分のとるべき行動を自ら判断し、決定すべき個人が、なぜ権威に従うのかという謎を巧みに解決してくれる。権威の指令に従うべきなのは、権威の指令が、いずれにしても、その個人が従う理由のある行動を指示しているからである。そして、本人が自ら判断するよりも、権威の方が、本人の従うべき行動をよりよく指示することができるからこそ、自分の判断よりは権威の判断に従うべきことになる。

ラズの分析から分かることは、権威が権威であるのは、それ自体の固有の根拠によるわけではないことである。権威が権威でありうるのは、権威に服従する側がどのような問題に直面しており、どのような行動が要求されているかに依存している。権威と称する人や団体に果して服従すべきか否かは、服従する者にあてはまっている問題状況との関係で相対的に決まる。英会話の教師でも、会社の上司でも、同じことである。

国家の権威の正当化

ところで、国家も権威の一種である。国家は、人民がとるべき行動を自分で判断するのではなく、国家の命令(法令)に従うべきだと主張する。そうした国家の主張がかりに正当だとすれば、やはり、国家の命令に従うことで、人民がとるべき行動をよりよくとることができるからであろう。そうでなければ、国家の命令に従うべき理由も定かではなくなる。

ラズは、調整問題(co-ordination problem)の解決、および、公共財(public goods)の供給をはじめとする囚人のディレンマ状況の解決を国家の主要な任務だと考える。前者は、誰もが、他の大部分の人々が選択するような選択をしたいと考えている問題状況、後者は、誰もが自分の短期的利害を追求すると、社会全体としては最悪の選択に陥るというディレンマ状況のことをいうが、これらの場合、人々は各自の勝手な判断に従うよりは、国家の権威に従うことで、問題をよりよく解決することができる。

国家の権威がこのように正当化されるのであれば、それが及ぶべき範囲も、人々が直面する問題状況を適切に解決する立場に国家があるか否かによって異なるはずである。国境を越えて広がる環境問題や疫病への対処のように、国境を越えた問題については、各国が独自に判断し、決定するよりは、国際機関の指示や裁決に従うことで、あるいは民間団体等を含めた国際的な協調行動を作り出すことで、問題はよりよく解決される可能性がある。また、本来、国内で適切に解決されるはずの問題についても、政府以外の権威、たとえば宗教的な権威や慣習的権威が問題を適切に解決している場合には、人々は、政府ではなく、そうした非政府的権威に従う理由がある。国内の政府が解決しうる問題であっても、中央政府が解決すべき問題か、それとも地方公共団体が解決すべき問題かは、問題の性格によって異なる。

手段としての国家・国境

国家の権威が正当に及ぶべき範囲は、こうして必ずしも国境とは一致しない。国家も、それを限界づける国境も、それ自体が目的であるわけではなく、何らかの問題を解決するために人為的に構成された手段である。そうである以上、国家の権威が及ぶ範囲も、国境の意義も、本来の問題をいかに解決すべきかという視点から評価され、常に問い直されうる。現にある国境を守ることが自己目的であるはずはない。

4　境界線へのこだわり

決して十分な議論を行ったわけではないが、筆者がバーナード・ウィリアムズの結論に賛成する理由は、ある程度明らかになったのではなかろうか。国境の引かれる理由が功利主義的に説明されるのであれば、今とは別の形の国境も、今の国境と同様に正当化できる。「政治的なるもの」の優位をさしたる論証もなく主張するシュミットの立場からしても、特定の国境のあり方が正当化されるわけではない。人間性の異なる諸側面の均衡を目指すカントの立場からしても、同じ結論が導かれる。そして、そもそも、われわれはなぜ国家に従うべきなのか、一国の権威はどのような地理的範囲にまで及ぶべきなのかという観点からすれば、国家の権威の及ぶべき範囲と国境とが一致する理由もはっきりしない。つまり、何が適切な国境の引き方かに関する、原理的で一般的な回答は存在しない、ということになる。

国境の恣意性と相対性

経済学者で政治学や外交戦略についても発言することの多いトーマス・シェリングは、国境の線引きは、調整問題の解決手段だと指摘している。たとえば、朝鮮戦争の結果、なぜ三八度線が休戦ラインとなったかといえば、三八度線が敵・味方のいずれから見ても「わかりやすい」「明確な」線であり、それ以外に「敵がここを越えたら、踏みとどまらずにさらに攻め込んで来るのではないか」という相手方の疑心を除く休戦ラインを見出すことは困難であったからである。ありうる国境は多数あるが、肝心なことは、そのうちのどれかに決まっていることであり、双方から見て「わかりやすい」「明確」な、つまり「目立つ」線に決まったというわけである。これも、ウィリアムズと同様の見解として理解することができる。

境界線の自己目的化

しかし、何が適切な国境の引き方かに関する原理的で一般的な回答が存在しないということが、まさに、国家が現在の国境にこだわらざるをえない理由にもなる。適切な国境の引き方に関する原理的な回答が存在しない以上、現在の国境から後退を始めれば、踏みとどまることのできる線は、原理的にはどこにも存在しない。全く恣意的に引かれているかに見える国境線をめぐって国家間の紛争が絶えない理由の一端は、ここに見出すことができるように思われる。もっとも、そうした紛争が両者の生死をかけた闘争へと至るのが必然と考えるか否かは、論者の人間観・国家観により、異なる。

どこかに引かざるをえないものの、どこにどのように引くかについては確定的な根拠がないという事態は、境界線一般にあてはまる。公と私の境界線、保護されるべきプライバシーの境界線、戦闘員と非戦闘員の境界線、国と国の境界線、国民と国民の境界線、いずれも、引かれるべき線がおのずから定まるわけではない。そのため、現在引かれている境界線にこだわりがちであることも同じである。そして、現在引かれている境界線へのこだわりは、無意識のうちに境界線の維持を自己目的化する傾向を生み出しがちである。しかし、境界線はそれ自体が目的ではない。国境や国籍が、それ自体、目的ではなかったことと同様である。

同じことは、憲法典にもあてはまる。憲法典を変えることが自己目的であってはならないように、現在の憲法典のテクストをただ護持することが自己目的であるはずはない。

【文献解題】

「国境をいかに引くべきかについて、あらゆる場合に妥当する原理的な正解は存在しない」というバーナード・ウィリアムズ(Barnard Williams)のことばは、彼の論文集 *In the Beginning was the Deed: Realism and Moralism in Political Argument*, ed. Geoffrey Hawthorn (Princeton

University Press, 2005), p.4 からのものである。『はじめに行いありき』という書名は、『ヨハネによる福音書』の冒頭の一文のもじりである。

ジョン・ロールズ(John Rawls)による国境の意義の分析は、彼の *The Law of Peoples* (Harvard University Press, 1999), pp.38-39 に見られる。

自然状態ではもともと、すべての資源が全人類の共有財産であるが、そのままの状態では地球上の資源は次第に劣化していく。ある人が労働して自然環境に働きかけた場合には、その成果は労働した人の固有の財産となるという考え方は、この問題を解決しようとする試みの一つである。典型的には、ジョン・ロック『市民政府論』鵜飼信成訳(岩波文庫、一九六八年)三二〜三三頁(第二七節)を参照。ロックの議論の筋道は、次のようなものである。人の身体は神に与えられたその人固有の所有物である。そうである以上、その身体を動かすことである労働も、彼(女)の所有に帰属する。したがって、その労働と自然環境とが混ざり合った結果は、やはり彼(女)のものとなる。日本の民法典の二四五条(混和)および二四六条(加工)との対比が有用である。

とはいえ、自然環境に働きかけた結果、どの範囲のものが労働した者の所有に帰するかは、自明ではない。ロバート・ノージックの挙げる例でいえば、ある人が海にトマト・ジュースをこぼしたからといって、海全体がその人の所有に帰するわけではないであろう(『アナーキー・国家・ユートピア』嶋津格訳(木鐸社、二〇〇四年)二九三頁)。この問題に対するロックの対処は、労働による所有権の獲得について、「少なくともほかに他人の共有のものとして、十分なだけが、また同じようによいものが、残されているかぎり」(前掲訳書三三頁)という但し書き(proviso)をつけることであった。地球環境の劣化が進む中で、このロックの但し書きの持つ意義は改めて認識されつつある。

ロバート・グッディンによる国籍の意義の分析については、Robert Goodin, What is so special about our fellow countrymen? in his *Utilitarianism as a Public Philosophy* (Cambridge University Press, 1995) 参照。彼の分析については、拙著『憲法と平和を問いなおす』九九頁以下で簡単な紹介を試みている。功利主義への批判から出発したロールズと異なり、グッディンは自ら功利主義者であることを標榜している。国籍は地球レベルにおける調整問題を解決するための指標として用いられているというのがグッディンの分析である。

カントによる世界帝国に対する批判的評価は、「永遠平和のために」遠山義孝訳『カント全集一四巻』(岩波書店、二〇〇〇年)二八七頁(A367)に見られる。一国の力が諸国間の勢力均衡を破るほどに大きくなることへの警戒感は、近代初期の思想家の多くに共有されていた。たとえば、フランシス・ベーコン「帝国について」同『随想録』世界の名著第二〇巻所収、成田成寿訳(中央公論社、一九七〇年)およびデイヴィッド・ヒューム「勢力均衡について」同『市民の国について』(上)小松茂夫訳(岩波文庫、一九八二年)参照。ベーコンによれば、隣国のどれ一つでも大きくなりすぎないよう予防し、必要であれば戦争に訴えるのは為政者の任務であり、差し迫った危険の恐怖があるのであれば、「打撃が加えられなくても、戦争の合法的な原因になるということには問題がない」。

カントの分析に対するホッブズの影響については、たとえば、Richard Tuck, *The Rights of War and Peace: Political Thought and the International Order from Grotius to Kant* (Oxford University Press, 1999), Ch.7 参照。邦語の文献としては、ジェレミー・ウォルドロン『立法の復権――議会主義の政治哲学』長谷部恭男・愛敬浩二・谷口功一訳（岩波書店、二〇〇三年）第三章がある。

第2章の文献解題で触れたように、ルソーのホッブズ批判は、彼の遺稿「戦争状態論」で提起されている。

これも第2章の文献解題で触れたが、シュミット『政治的なものの概念』に対するレオ・シュトラウスの分析は、Leo Strauss, Anmerkungen zu Carl Schmitt, Der Begriff des Politischen, in *Archiv für Sozialwissenschaft und Sozialpolitik*, vol.67, pp.732-49 (1932)で、邦訳は、ハインリヒ・マイアー『シュミットとシュトラウス』栗原隆・滝口清栄訳（法政大学出版局、一九九三年）一二三頁以下に、「カール・シュミット『政治的なものの概念』への注解」として収められている。マイアーの著作は、『政治的なものの概念』が、複数の異なる版をシュミット自身が出版した唯一の著作であることに着目し、そこにシュトラウスの注解に対するシュミットの応答を見ようとする試みである。ドイツを逃れたユダヤ人学者シュトラウスとシュミットとの間の、「その場に居合わせない者」同士の対話がそこにあったというわけである。

公と私とを区分することで比較不能な世界観の公平な共存を目指そうとするリベラルな立憲主義は、シュミットの立場からすれば、所詮は中途半端な均衡点を目指そうとするもので、「真の敵」と目されるにも値しないというのが、シュトラウスの分析である。シュミットが「真の敵」と目する相手がいるとすれば、それは人間の根底的な本質をかけて「人類の最終究極戦争」(『政治的なものの概念』三三頁)を遂行することとなる「平和主義」陣営である。

シュトラウスがシュミット以上の反リベラルであったとの評価(Stephen Holmes, *The Anatomy of Anti-Liberalism* (University of Chicago Press, 1993), p.60)については疑念を差し挟む余地があるが、ロバート・ハウスが指摘するように、価値の多元性に立脚するリベラリズムでは、ファシズムの脅威には対抗しえないとシュトラウスが考えていたことは間違いがないであろう(Robert Howse, From Legitimacy to Dictatorship-and back again: Leo Strauss's Critique of the Anti-Liberalism of Carl Schmitt, in David Dyzenhaus ed., *Law as Politics: Carl Schmitt's Critique of Liberalism* (Duke University Press, 1998)。しかし、第1章の文献解題で述べたように、この判断は、価値多元論を価値相対主義と同一とみなすシュトラウスの誤解にもとづいている可能性が大きい。もっとも、シュトラウスの知るリベラリズムを代表するのが価値相対主義に立脚するハンス・ケルゼンであったことからすれば、こうした視野狭窄にも無理からぬところがある。

リベラルな立憲主義の立場からすると、なぜ国境はあるのか(つまり、なぜ複数の国家が存在すべきなのか)という問題はどう答えられるであろうか。本文で紹介したのは、世界国家はその統治の実効性に欠けるため、国家が果たすべき任務を適切に果たしえないという説明であった。別の答え方もある。立憲主義は、この世に比較不能な多様な価値観が存在するとの認識から出発する(この認識はシュミットも共有している)。その上で、複数の価値観が公平に共存しうる枠組みを構築すべきだというのが立憲主義のプロジェクトである。ただ、共存が可能だとお互いに考える価値観の距離には、おのずと限界があるかも知れない。少なくとも、全体としてのイデオロギー距離が一定の範囲内におさまっている価値観同士の方が、そうでない場合よりも共存することは容易であろう。したがって、それぞれの国家はその国内で異なる価値観の共存の枠組みとして機能しているが、それぞれの国家の含む価値観の種類は、お互いに異なるという仕掛けの方が、一つの国家がすべての価値観の公平な共存の枠組みとして機能しようとするよりも、平和共存の仕掛けとしては成功にいたる可能性が高いという見方も成り立ちうる。多様な価値観の共存の可能性が薄れたときには、別々の国家として分かれて暮らす方が、平和を維持しうる可能性は高まるであろう。この論点については、さしあたり、拙著『憲法と平和を問いなおす』一〇三頁以下を参照。そこで述べたように、国境の意味の相対性は、いわゆる人道的介入の問題とも関連している。

国境の意味の相対性は、対外的な平和を任務とする「軍隊」と国内の治安を任務とする「警察」の区分の相対性として読み直すこともできる。冷戦が終結し、軍事力がアメリカ合衆国に集中する一方、国際テロ活動への対処が必要となった今日、軍隊と警察の相対化がますます進行していると診断する藤原帰一「軍と警察」山口厚・中谷和弘編『安全保障と国際犯罪』(東京大学出版会、二〇〇五年)参照。

ジョゼフ・ラズの通常正当化テーゼについては、さしあたり拙著『憲法と平和を問いなおす』一三〇頁以下参照。ラズ本人の分析は、「権威と正当化」ジョセフ・ラズ『自由と権利』森際康友編訳(勁草書房、一九九六年)一三九頁以下として邦訳されている。

トーマス・シェリングは、調整問題という概念自体を発案したことでも知られる。彼はケネディ政権の軍事戦略立案のブレインでもあった。Thomas Schelling, *The Strategy of Conflict* (Harvard University Press, 1980), pp. 74-77 & 83 ff. 参照。

国境の恣意性と相対性を強調する本章の趣旨は、境界線をめぐるゲームとして政治を捉える杉田敦『境界線の政治学』(岩波書店、二〇〇五年)、とくにその第一章の論旨と大きく重なり合う。杉田氏の区分でいえば、「空間における境界線」が本章で議論された国境に相当し、国籍は「人間の群れに対する境界線」の一種である。境界線の引き方について原理的な根拠がないために、「最終的な合意」が得られることがなく、つねに紛争を起こす可能性を含むことも、氏が強調する点である(前掲書一八頁)。

長谷部恭男
1956 年広島市生まれ
1979 年東京大学法学部卒業
同助手，学習院大学教授，東京大学教授を経て，
現在 ― 早稲田大学法学部教授
専攻 ― 憲法学
著書 ―『権力への懐疑』(日本評論社)
『テレビの憲法理論』(弘文堂)
『憲法学のフロンティア』(岩波書店)
『比較不能な価値の迷路』(東京大学出版会)
『憲法』(第 3 版，新世社)
『憲法と平和を問いなおす』(ちくま新書)
『憲法の理性』(東京大学出版会)
『憲法の円環』(岩波書店)
『憲法講話』(第 2 版，有斐閣) ほか

憲法とは何か　岩波新書(新赤版)1002

2006 年 4 月 20 日　第 1 刷発行
2025 年 1 月 15 日　第 18 刷発行

著　者　長谷部恭男《はせべやすお》

発行者　坂本政謙

発行所　株式会社 岩波書店
〒101-8002 東京都千代田区一ツ橋 2-5-5
案内 03-5210-4000　営業部 03-5210-4111
https://www.iwanami.co.jp/

新書編集部 03-5210-4054
https://www.iwanami.co.jp/sin/

印刷製本・法令印刷　カバー・半七印刷

ISBN 978-4-00-431002-0　Printed in Japan

岩波新書新赤版一〇〇〇点に際して

ひとつの時代が終わったと言われて久しい。だが、その先にいかなる時代を展望するのか、私たちはその輪郭すら描きえていない。二〇世紀から持ち越した課題の多くは、未だ解決の緒を見つけることのできないままであり、二一世紀が新たに招きよせた問題も少なくない。グローバル資本主義の浸透、憎悪の連鎖、暴力の応酬——世界は混沌として深い不安の只中にある。

現代社会においては変化が常態となり、速さと新しさに絶対的な価値が与えられた。消費社会の深化と情報技術の革命は、種々の境界を無くし、人々の生活やコミュニケーションの様式を根底から変容させてきた。ライフスタイルは多様化し、一面では個人の生き方をそれぞれが選びとる時代が始まっている。同時に、新たな格差が生まれ、様々な次元での亀裂や分断が深まっている。社会や歴史に対する意識が揺らぎ、普遍的な理念に対する根本的な懐疑や、現実を変えることへの無力感がひそかに根を張りつつある。そして生きることに誰もが困難を覚える時代が到来している。

しかし、日常生活のそれぞれの場で、自由と民主主義を獲得し実践することを通じて、私たち自身がそうした閉塞を乗り超え、希望の時代の幕開けを告げてゆくことは不可能ではあるまい。そのために、いま求められていること——それは、個と個の間で開かれた対話を積み重ねながら、人間らしく生きることの条件について一人ひとりが粘り強く思考することではないか。その営みの糧となるものが、教養に外ならないと私たちは考える。歴史とは何か、よく生きるとはいかなることか、世界そして人間はどこへ向かうべきなのか——こうした根源的な問いとの格闘が、文化と知の厚みを作り出し、個人と社会を支える基盤としての教養となった。まさにそのような教養への道案内こそ、岩波新書が創刊以来、追求してきたことである。

岩波新書は、日中戦争下の一九三八年一一月に赤版として創刊された。創刊の辞は、道義の精神に則らない日本の行動を憂慮し、批判的精神と良心的行動の欠如を戒めつつ、現代人の現代的教養を刊行の目的とする、と謳っている。以後、青版、黄版、新赤版と装いを改めながら、合計二五〇〇点余りを世に問うてきた。そして、いままた新赤版が一〇〇〇点を迎えたのを機に、人間の理性と良心への信頼を再確認し、それに裏打ちされた文化を培っていく決意を込めて、新しい装丁のもとに再出発したいと思う。一冊一冊から吹き出す新風が一人でも多くの読者の許に届くこと、そして希望ある時代への想像力を豊かにかき立てることを切に願う。

（二〇〇六年四月）